イスラームにおける直観の研究

水谷周 編著／森伸生 著／前野直樹 著

国書刊行会

はじめに

直観といってもあまり馴染みのない人も少なくないと思われる。むしろ、直感と記す方が普通だろう。それで初めに両者の違いを簡単に述べるのがよいかと考えられる。

直観は物事の本質や真髄を、直ちに会得することである。だからそれは多くの場合、美であるとか宗教的な教えを対象とする。それに比べて直感の方は、くどくどしい説明も求めずに、即座に要点を知り、ポイントを理解することである。その対象は広く日常生活上にも生起する事柄である。いわゆる第六感の働く世界である。そこで本書で扱う対象は宗教であり、特にイスラームにおけるものであるので、直観と記すこととなる。

他方、これら両者の区別を記しつつも、現実には科学やスポーツの世界でも第六感は人の持つ貴重な才覚である。ピンとくるものがなければ創造的な成果は生まれないかもしれないし、いずれにしてもその働きが貴重な行動指針となるという多くの事例が見られる。そこで直観と直感の両者を指す用語としては、「ひらめき」という言葉を置くこともできる。問題は、このひらめきであれ、直観や直感のいずれであれ、その内実と作用の実態がほとんど解明されないままであるということである。それほど根本的な重要性があることは認められつつも、そういう次第なのである。

そこで本書の課題は、この大きな全体像を前にして、非常に限定した形ではあるが、イスラームの直観を可能な限り探求して、解明してみようということにある。そのための全面的なアプローチとしては、脳科学や認知科学で普及している科学的なものも当然有効であろうと思う。しかし本書では、この手法の面でも限定的に、主として文献学的なものになっている。それは執筆者の限界であるのではあるが、それでも現段階では稀有な試みとして独自の貢献となればと念じている。それにより宗教信仰の要の機能である本課題に関して、新たに多くの光が当てられることとなるからである。

以上で「イスラームの直観」という課題が持つ基本的な意味合いと。多分野の同種の「ひらめき」という広がり、さらには科学的研究と文献学的立場の全体を展望できたと思料される。そしてこれ以上の詳論は、本文を見ていただきたい。

編集者

目　次

一、直観研究について

本章では「はじめに」に展開した論点を詳述することから始める。そうすることで一層本書の意味合いを明確にしておきたい。

ア．直観とは

「直観」は「直覚」とも言われることがある。物事の本質を、即座に会得することである。本質という以上、非本質が想定されているが、そのように本質と非本質を仕分ける物事というのは日常的で尋常な対象ではない。多くの場合は、宗教や芸術など、精神文化の産物を指すものといえよう。それらの場合において、その本質を認識することは、「覚知」という術語も用いられている。

それではそれらの領域における本質と非本質の線引きはどうなされるのであろうか。本質はその事柄の基本であり、固有の特性を示すものである。それ以外の一時的、あるいは暫定的な諸側面は非本質と見なされうる。またこのように区別するのは、特に精神文化に関しては、人はその根本的な要素や構造に関心が惹かれるからである。枝葉末節に拘泥《こうでい》したくないのである。

そのような本質を、即座に会得するというのは、多様な論理的説明や迂回路を経《へ》ないで直ちにその真髄に到達することである。後でも見るが、それを表して「天啓の輝きが閃《ひらめ》いたのであって、それは雲が集まると稲妻の光る雷が落ちるようなもの」といった表現もある。近代哲学的には、論理の積み重ねが基本だが、直観はそのようなルートは経由しない方途《ほうと》である。

＊直観の補足説明

ここでさらに直観を詳しく理解するために、種々の補足説明をしてみよう。

科学は事実と理論を扱い、宗教は究極的な意味と道徳的な価値を扱うものであるという区別の仕方はよく見られるものである。それは目的に基づく両者の仕分けと言える。しかし以下においては、手法の違いによる、別の仕分け方を取り上げる。つまり自然は合理性に基づいているので、それを人間の理知的な実証を積み重ねることでいずれ全体が解明されるだろうというのが、科学研究の大前提である。これは理解されやすいので、ここではそうではない方の、宗教の領域に主として注目することとする。それが宗教的な直観の世界ということになるのである。

直観する対象は何なのか。それが本質だと称されるものだとしても、容易な表現は見当たらない。強いて言えば、宇宙万物全体の根本原理、あるいは哲理である。存在も非存在も含む。このような言いようのない総体を、一瞬にして把握するということである。このような機能の理解は、比喩を用いるとあるいは助けになるかと思われる。

それは、芸術の審美眼のようなものである。絵画などの美をいくら論じても、それが人の心を揺さぶる感動を与えることはない。なぜならば、感動は美的直観に拠るからである。いくら説かれても、どうしてベートーベンの「第九交響曲」が人類の代表的な曲であり、同じ音楽家の「月光」はそうでないのか、など説明しようもない。もちろん言葉による評論は常に可能であるが、心底より視聴者をして頷かせるのは、人の心に何がどう響くかであり、それは言語による説明や論証を越えたものである。さらには、ピカソの「ゲルニカ」という大作を目前にして感動させられるのは、どうしてなのか、それはもう普通に言う美のレベルを遥かに通り過ぎている。人類的な感動である。

宗教的直観はイスラームを離れても実に多様に記録もされてきているので、引用するのには困らないだろう。中世ヨーロッパの一篤信家としてつとに有名な、フランスのローレンスは冬の枯れ木を見て、神の存在を確信したということである。その枯れ木は本当に寂しい姿であったのに、春には新緑と花々を付けることとなるというその不思議さに、心を奪われ、神の存在を直観したというのである[1]。

多様に記録されてきたという時に忘れられないのは、ジェイムスの『宗教的経験の諸相』である。同氏の長年にわたる収集と記録の努力を見聞きして、多数の関係者が情報を寄せてきたので、ますます豊かに蓄積されることとなった。そこでは、より高く見えない者の実在、病める魂、自己の分裂と統合過程、回心、聖徳、神秘主義、哲学といった諸相に分けて、記述されている[2]。

こういった実例集が種々発刊されてきたということ自体、本当のところは宗教的直観が言語表現では尽くされることはなく、ましてや科学分析に不向きであることを示している。分かる人には分かるが、どうもピンとこない人には、馬耳東風でどこ吹く風に終わってしまう話である。もちろんそうではあっても、宗教的な才覚は万人に賦与されているはずだという のは、いずれの宗教においても重要な教義の一端とはなっている。だから、あきらめろという教義はないのであるが、実際は人の持つ才覚には強弱や濃淡があり、またそのような才覚の目が開かれるための契機に恵まれるかどうかは、何ら保証はない。その意味では、はっきり言ってしまえば、機会に恵まれない場合は諦めるということになるのであろうが、それも断言はできない。一瞬時で、その契機は訪れることとなり、人を予告なく襲ってくるかもしれないからだ。

なおここで是非取り上げておきたい現代イスラーム思想家の論述がある。以下はその抜粋であるが、すでに検討してきた宗教と科学の対比や直観的認識など、全ての論点をイスラーム風に明快に展開している。この思想家とは、後ほど再出するものではあるが、エジプトのアフマド・アミーン（一九五四年没）である。

宗教の柱は、啓示と霊操《れいそう》などを通じて見えない世界に魂が達するということである。そして最も高貴な感覚で最高の力に達するということである。もしそれが霊的領域を超えて科学的領域に踏み入れることであれば、科学を説明したり照明したりするだろう。あるいは科学者の研究や成果を否定するかもしれない。そうして自らの役割を超えることになる。(3)

ここに言う「霊的領域」の「最高の力」という存在は絶対主であるが、そこにおいて信者は宗教信仰の真髄を全幅で満喫し、その感覚は荘厳さと安寧の気持ちに満たされていると了解される。つまりそれがいわゆる救済ということにもなる。(4)

続いて頂点に達するための直観については、次のように言う。

ア．直観とは

人には理性的な力以外にもう一つの能力、あるいは才覚があると思われる。それは既知の諸事実から結論を導き出す、論理でなじみのある方法ではなく、別種の真実を認識するものである。その力は、啓示、直観、顕示などの能力が潜んでいるところである。そしてそれは既知の事実の計算や、結果の評価はしない。それは一瞬の稲妻のようなもので、それで諸事実を明らかにするのである。[5]

以上が宗教的な直観に関する詳論である。科学的直感によるものは仮説であり、それはいずれ理論で積み上げられて、実験も経ることで新たな科学的知識として承認されて流布されることとなる。こういったプロセスは宗教的直観には不可欠ではない。単刀直入にインスピレーションで得られたものはそのままで、その人の新たな収穫であり、輝く宝となるのである。

＊定義

直球のような直観による認識方法は、歴史上多くの記述が残されてきたが、その実態についてイスラームではどのように考えられるのかが、本書の課題である。改めてそれはどのようにして可能になるのか、などについて問いかけるとともに、過去の記述を再訪し確認することとしたい。

さて直観のことをクルアーン用語としてのアラビア語では、イルハームという。それは動詞形のアルハマの派生語で、動名詞形となっている。その一般的な語義としては、心が落ち着くものを投げ込むことで、意味や思想を含むとされる。[6] 他方、一三世紀のアラビア語辞書の古典として、アラブ・ムスリム研究者の間で最も依拠されることの多い、イブン・マンズール著『アラブの舌』には「飲み込ませること」、「飲み込ませられるもの」というのもある。[7] しかしこのままでは「直観」にはほど遠い意味合いなので、クルアーン上では意訳されることとなる。それは「授ける」、「示唆する」といったところである。「そしてそれに背信と篤信を授けた（アルハマ）方にかけて。」（九一：八）とあって、原文の「飲み込ませる（アルハマ）」は、直観の意味に近づけて和訳されるのである。[8]

因みに、クルアーンの中で、アルハマが使用されるのは、この節の一ヵ所のみである。それにもかかわらず重要な単語として、多大な注目と議論が重ねられてきた。いずれにしても、飲み込まされる内容が信徒への導きや安寧と考えれば、イルハームは本質の直接把握、つまり前節で説明した直観の意味合いと合致するものとして理解されることになる。[9] なおイルハームはクルアーンから離れた一般的な用法で、詩人などの心に浮かぶ心象や言外の幻想などを意味することもある。

次に考えたいのは、直観と直感の異同である。後者はより広く、日常的に誰しもが経験している内容である。第六感とも言われる部類である。しかし直観と直感の両者はさほど明瞭には峻別できない部分もある。重複しているか、あるいは両者が曖昧に併存しているということにもなる。そこで両者をまとめて、「ひらめき」と称することも許されるだろう。「ひらめき」という機能も格別に取り上げられて、研究されたことはない。それは人間の持つ不可解で不思議で、神妙な世界として、いわば大事に維持され守られてきたのであった。

こうして人の持つ才覚である「ひらめき」は、長い人類史の中で、未だにその正体は明かされずに、悠々と姿を陰に眩《くら》ませているのである。本書ではこの「ひらめき」そのものは対象としていないので、そっと陰に安置しておくこととなる。

イ．研究の手法

最近のデジタル技術のすさまじい進歩は、進化生物学により人の進化過程を明らかにし、また人の機能を詳細に調査することを可能にしている。特に脳科学は、思考することや感覚の分野においても、それらの働きの実態を判明しつつある。日進月歩という状態であるので、本書が刊行されるまでにも種々の新たな研究の成果が公表される可能性はある。

直観という機能も例外ではないだろう。脳のどの領域がどのように働くのか、それはどうしてなのか、何が契機となるのであろうか。さらには脳以外の身体の活動も、直観を得るのに、まったく無関係と断言してかかる必要はない。しかしどの部位が、どう関係しているのか。こうした科学的な手法は、それを採用する専門家たちの長年の修練を経る必要があるのは言うまでもない。他方、その修練を経ていない人たちの方が、圧倒的多数であるのが現状だ。筆者自身も例外ではない。そこで本書では、これまでに書かれてきた文献を中心に探訪することとなる。

文献学的な手法には、デジタル技法には望みえないメリットもある。それは過去に蓄積されてきた豊富な記述情報を扱い、場合によっては人の感情面も汲み上げつつ整理分析するということである。それを体験的な、あるいは主観的な手法とも言えよう。もちろん科学としては、客観的でなければ成立しない。しかし主客のせめぎ合いという曖昧な世界も存在しているし、それを是認するのである。広く言えば、人文・社会科学はすべてこのせめぎ合いの中で押し合い、譲り合い、きしめき合っていると描写できるだろう。

なお、探訪する多種にわたる素材では、本質を直接に把握するという狭義の直観を中軸としつつもそれに限らず、明確な信仰の覚醒や絶対主の覚知といったより広い意味合いで、その実例を積み上げることとしたい。各場合によって、瞬時で直接かどうかという判断は異なるし、時間の流れは本人にしか分からない面もある。また事の性格上、外から見ての緩やかなプロセスを排除しなければいけない理由もないからである。(10)

ウ．先行研究と本書の位置付け

＊イスラーム研究として

「直観」を対象とした先行研究を顧みて、その中での本書の占める位置を確かめておきたい。アラビア語文献を見ると、その関心の分野は大きくは三方面に及んでいることが分かる。

第一は、イスラーム法学である。直観を法源の一つとして見なしうるのかどうかという点である。周知のとおり、通常の法源は、クルアーン、預言者伝承、類推、法学者の総意の四つである。しかしアッラーが授ける直観も、信徒の従うべき規範として、イスラーム法の源泉となるのではないかという設問である。この分野の議論は法学論である。他方直観論自体は、信仰を得る方途、ないしはそのプロセスの問題として、基本的に教義上の議論である以上、この法学論は本筋から派生したものとして、本書の扱う範囲ではないということになる。(11)

第二は、イスラームの神秘主義者のテーマとして直観論が議論されてきた。神秘主義においては神との合一（陶酔、ファナー）を目指す独特の訓練方法や、踊りにより恍惚状態に至るという全く固有の認識方法を取ることで知られている。アッラーを鋭く認識しようとして幾度も復唱する際に、舌が口内のどこにも触れてはならないという訓練方法もある。神秘主義における直観論も、やはり通常とは異質な立て付けであることは、直ちに理解されるところである。そしてこれも本書が課題とする直観論ではなく、別世界のものであるということになる。[12]

最後の第三の方面は、教義論の一端としての直観論である。それも主としては二つに分けてみることができる。その一つは、直観の原動力としてクルアーンに登場する天性や静穏といった天賦の才覚との関連で論じるものである。これは歴史上、各自各様に展開されてきたが、その主要な内容は本書第二章でクルアーンやハディースといった原典に、また第三章では七名の著名な学識者の諸説に幅広く見ることとなる。

なお、同じく教義論の世界ではあるが、イスラームとキリスト教やユダヤ教における直観や啓示と比較対照するという視点もある。キリスト教などでは、直観と啓示を全く異なるものとして把握するが、イスラームではそれら両者は一体化して理解される、といった議論が展開される。そしてその結論としては、正しい姿はイスラームのみであるとされるのである。論議を尽くすのではなく初めに結論ありきで、平板な護教論に終始するような姿勢が目立つものである。従って本書では、この種のアプローチは取り上げていない。[13]

欧米の文献では、イスラームの直観論に関する単著は限られている。それも神秘主義論である場合や、キリスト教の啓示と直観の議論の延長として登場するケースであることは想像に難くない。

またネットで検索すると直観・啓示関係の検討は盛んに掲載されている。しかし欧米語ではあっても、その相当部分は欧米語を駆使するイスラーム教徒の運営する布教的な関心のサイトが大半を占めている。従ってそれをもって、欧米のイスラーム学の潮流を反映しているとは言えない。それほどに多数のムスリムが欧米社会に活発に浸透しているということでもある。

一、直観研究について

ただしよりアカデミックな扱いとして、イスラーム学の一翼である哲学研究において、イスラームの直観論が認識論の一端として課題とされたことはしばしばあった。しかしその多くは哲学論議の盛んであったシーア派系のものである。あるいはシーア派の一分派と目されて、最もイスラーム神学と哲学の相互乗り入れが進んだとされるイスマーイール派の研究において、直観論が取り上げられることも見られた(14)。

日本で布教的な関心のサイトが見当たらないのは言うまでもない。またキリスト教との比較研究も、この多神教の広まる国柄の中では、力が入らないのも当然である。他方着実なアカデミックな成果が日本でも散見されるようになってきていることは、一昔前と比較すると大変に心強いものがある。しかし多分にシーア派のものや、神秘主義を対象とするものに傾斜しているのは、欧米の学風の反映なのか、どうしたことだろう。いずれにしても、今後の大きな飛躍の予感もしないではないが、直観論としては現状のところまだ散発的な感はぬぐ

えない。(15)

また時系列的には遡るが、井筒俊彦「本質直観―イスラーム哲学断章」は短編ながら、やはりシーア派哲学者たちの純哲学的な本質を巡る多様な議論を紹介している。純粋な本質は直観によってのみ把握される、そして直観は本質を極めるための夾物排除の純化（タジュリード）の過程であり、「概念浄化の知的操作の過程として叙述してみたい」とされている。(16)

このような中、スンナ派本流（非神秘主義）の教義論としての直観論に焦点を絞った形での本書は、新たな世界を展望するものという位置付けになるかと思われるのである。本書の編著者の水谷は夙《つと》に、『イスラーム用語の新研究』において、日本語とアラビア語用語の距離感のために、よほど慎重に語義を確かめる必要を強調した。それは、「石橋を叩いて渡る」姿勢である。本書において、「直観」に特化して考究するということは、右の「石橋」を心して渡る試みの延長であるとも位置付けられる。(17)

ウ．先行研究と本書の位置付け

＊宗教研究として

以下はいわば宗教学一般の中における本書の位置づけについて述べる。イスラーム研究も宗教研究の一端であることは言うまでもないが、本書の直観の研究により「信仰学」の樹立に向かいたいという新たな課題である。

信仰の世界は、学問の対象にならないのか、あるいはそれを扱ってはいけないのか？　これについて従来は、否定的な回答が与えられてきたと思われる。かつては日本の宗教学の大御所とされた東京大学名誉教授の岸本英夫氏（一九六四年没）のことについて、その友人であり高僧でもあった、葉上照澄氏（一九八九年没）が語っているところを見てみよう。

宗教がないとか、何とか言う言い方は、まさにインテリの見栄である。私はその見栄をとってほしいと思う。私が、こうやって頭を剃って修行するのは、もっと素直になろうという意味である。たとえば、ガンで死んだ東大の宗教学の主任教授の岸本英夫君は、私の高等学校からの友だちであるが、可哀想に学問があるものだから、どうしても宗教の醍醐味にとけ込めない。いくら言ってもだめだ。そのインテリの鎧をとってしまえというところである。(18)

随分とあからさまな言い方だが、これは比叡山の千日回峰行の満行を果たした大阿闍梨のものの言い方なのである。同氏に関しては、別の興味深い叙述がある。それは授業において岸本氏は、しきりに次のように説いていたというのである。

宗教学者は宗教をもってはならない。入信することにより、自分の宗教という色眼鏡を通して他の宗教を見ることになるからである。そのため、宗教学のもつべき学としての真理の把握に不可欠な客観性が損なわれる。しかし、他方では、信仰をもたなければ、その宗教の秘奥はつかめない。これが宗教学者のディレンマである。[19]

しかしこの碩学も、死に直面しては、相当な心境の変化を見せたのであった。

死とは、この世に別れを告げるときと考える場合には、もちろん、この世は存在する。すでに別れを告げた自分が、宇宙の霊にかえって、永遠の休息に入るだけである。私にとっては、すくなくとも、この考え方が、死に対する大きな転機になっている。[20]

ここにおいては、「宇宙の霊」であるとか、「永遠の休息に入る」といった極めて宗教的な発想を取っているのである。死がかの大学者の気持ちの持ち方にも、不思議な転換をもたらしたと言えよう。宗教に帰るという現象は、人として自然であり、「鎧」で身を固め、無理に避けようとするものではないとの証左であると、筆者には見えてくるのである。

さらに学問と信仰に関する発言を見よう。

ウ．先行研究と本書の位置付け

祈りは人間と永遠なるものの神秘的な結合である。そのようなものとして、祈りは理解を超えた奇蹟、奇蹟の中の奇蹟であり、しかもそれは日々敬虔なる人間の魂の中で実現している。宗教学的な祈りの探求は、この奇蹟を認識することへと向かう。宗教史家や宗教心理学者は、この祈りの中で明らかになる深く力強い生について証言したり、その内容を通訳したりすることしかできない。なぜなら、祈りの秘密の中へと分け入ることは、宗教的人間がもつ特権であるからだ。しかし、学問的研究もまた、最後には生きた信仰において感得されるのと同一の印象に圧倒されることになる。[21]

信仰を学問すること自体は、もちろん信仰そのものではない。しかし「鎧をとって」学問することは十分可能であり、その極地には研究者も宗教者と同様な感慨や宇宙的な永遠を感得することもあり得るというのが、以上のまとめであろう。そのことは、信仰を持つことで客観性を失うことを是認するのとは違う。主客の微妙なせめぎ合いは人の言動にありがちな問題として覚悟するとしても、基本姿勢として色眼鏡で見ないというのは、研究者たる矜持であり、自己存立の原点でもある。

信仰学の存立の根拠であり大目標は、宗教の真相解明であり、その知見の共有による、人類智の拡張である。それは人間存在の根源に戻る、さまざまな側面と真実を明らかにしてくれるであろう。

このように力説している理由は、他でもない本書で「イスラームにおける直観の研究」を試みるということは、信仰学の一端であるということである。それが本書の宗教研究一般の中における、位置付けであり、意気込みのポイントなのである。[22]

【註】

（1）Nicholas Herman of Lorraine or Brother Lawrence, *The Practice of the Presence of God*, London, One World Publications, 1993.

（2）ウィリアム・ジェイムズ『宗教的経験の諸相』岩波文庫、上下二巻、一九八二年。第八刷原著の出版は、一九〇一―一九〇二年。

（3）アフマド・アミーン『現代イスラームの徒然草』水谷周訳、編著、国書刊行会、二〇二〇年。八二頁。

（4）荘厳さと安寧の気持ちが信仰に求められる究極の真髄であるとする部分に関しては、水谷周『信仰は訴える―次世代への継承』国書刊行会、二〇二二年。第一章「信仰解放の訴え」第一節「科学、芸術、そして信仰」参照。

（5）前掲書『現代イスラームの徒然草』一三八―一三九頁。

（6）https://www.almaany.com>dict>ar-ar　二〇二三年二月二二日検索。

（7）『アラブの舌』にはいくつも定義が挙げられている。Ibn Manzur, *Lisan al-Arab*, al-Qahira, 9 vols.,Dar al-Hadith, 2003. Vol 8, p. 45.

（8）前者の「授ける」は『クルアーン―やさしい和訳』、水谷周編訳著、国書刊行会、第六版、二〇二三年。後者の「示唆する」は『日亜対訳注釈　聖クルアーン』日本ムスリム協会、第一六版、二〇一八年。本書では両翻訳書を併用した。前者は「です、ます」調、後者は「である」調なので、容易に区別できる。

（9）さらに語義を巡っては、「説明する」あるいは「（アッラーは）創造された」といった解釈をする議論もあることは、*Encyclopaedia of Islam*, Leiden, Brill, 2022. Vol. 3, p. 1119. Ilham の項目参照。

（10）実証に依拠する従来の科学研究の幅を広げる新たな発想とその試みの必要性に関しては、ケン・ウィルバー『科学と宗教』吉田豊訳、春秋社、二〇〇〇年。また水谷周『宗教と科学のせめぎ合い―信と知の再構築』、国書刊行会、二〇二三年。第五章「信と知の再構築」参照。

（11）著名なアルカラダーウィーの論文として、Yusuf al-Qaradawi, Al-Ilham wa al-Kashf wa al-Ruwa, Hal tuaddu masadir al-Ahkam al-Shariya? *Journal of Faculty of Sharia*, Qatar University, 1988, No. 6, Pages 11-73. また、Khalid bin Muhammad al-Arusi, Dalala al-Ilham, *Majalla Kuliyya al-Ulum al-*

Islamiyya, Jamia al-Qahira, 2008. pp.353-427.

(12) Najm al-Din Abdallah Muhammad, Dalala al-Ilham, *Majalla Kuliyyat al-Ulum al-Islamiyya*, University of al-Mosul, 2013. Vol.7, Issue 14, pp. 607-640. 直観は法源となるかどうか、また神秘主義における認識方法としての議論を主としてまとめている。

(13) 例としては、Naji Muhamad Dawud Salama, *Dawa al-Ilham wa al-Hujjiya fi Asfar al-Ahd al-Jadid wa Madaa Sigihi*, King Saud University, 1996.

(14) 例えは、*Reason and Inspiration in Islam*, ed. Todd Lawson, London, New York, I.B. Tauris, 2005.

(15) 例えば、鎌田繁は、二〇〇一－二〇〇二年の科研「イスラームにおける伝承知と理性知」において、一七世紀のイランの哲学者ムッラー・サドラーのシーア派神秘主義における直観論を探求した。あるいは、スペインの神秘主義者の雄であるイブン・アラビーについては、小野純一「イブン・アラビー文字論の直観」専修人文論集、二〇一八年。一〇三号、二四一－二六四頁。

(16) 井筒俊彦「本質直観－イスラーム哲学断章」。『意識と本質－精神的東洋を索めて』岩波文庫、一九九一年。三一九－三五一頁所収。三三四頁。

(17) 水谷周『イスラーム用語の新研究』国書刊行会、二〇二一年。

(18) 葉上照澄『道心』、春秋社、一九七一年。一七〇－一七一頁。

(19) 奥村一郎「死と祈り」、『岩波講座　宗教と科学』全一〇巻、一九九三年。第七巻、三三一－

三六二頁所収。三四二頁。
(20)同掲書、奥村一郎「死と祈り」三四三頁。原出典は、岸本英夫『死を見つめる心』講談社、一九七三年。三九頁。
(21)フリードリヒ・ハイラー『祈り』国書刊行会、二〇一八年。五三〇頁。
(22)本書のように直観の諸例を収集し記述することは、信仰学の基本をなすなど、信仰学樹立の詳論に関しては、前掲書『科学と宗教のせめぎ合い―信と知の再構築』、第五章「信と知の再構築」参照。

二、原典に見る直観

ア．クルアーンにおける直観とその構造

クルアーンには実は直観の事例が満載されている。初めにその概要を見た後に、信仰直観に関して、クルアーンを貫いている構造的な側面に焦点を絞ることとしたい。そのために、二つの側面に分けて検討することとする。一つは、宗教信仰を覚醒させる天性とそれと共同する静穏という心境に関するものである。二つには、啓示と直観の関係である。これら両側面の検討によって、クルアーンを通じての直観に関する枠組みとして、大所は抑えることができるだろう。

＊クルアーンは直観集であること

イスラームの根幹として、アッラーの絶対的で超越的な存在とその差配振りに気付き、信心を得ることが直観であるとすれば、クルアーンは読む人をその気付きに招くため、幾多の

直観のきっかけを提示していることになる。改めてその概要を見ておきたい。

・まず第一章は、「慈悲あまねく、慈悲深いアッラーの御名において」という一句で始められている。それ以外の合計一一三章においても、読誦する際には、右の一句を初めに唱えることになっている（第九章に同句の記載はないが、読誦の際唱えられる）。こうしていきなり、アッラーの広大な権能を正面から意識することが迫られるのである。

・多種多様な自然が、すなわちアッラーを直観する契機になるという視点が展開される。夜空の星々に見られる整序だった宇宙全体の運行（五五：一—一三など）、あるいは逆に時に荒れ狂うように思える天災の数々がある。ムーサーの時代の洪水や海が割れることもあれば、直撃してくる地震もある（九九：一—八）。これらの支配者は、アッラーに他ならないのである。

・諸国の歴史の変遷そのものが、人力を超えた何ものかを指し示しているという指摘も頻出する。そしてそれらは、物証として、後の時代へ遺跡として残されるものも多い（二二：四二—四六など）。

・クルアーン全体に連綿と二五名ほど続く預言者列伝であり、最後の預言者として遣わされたムハンマド（二一章）のこと。各民族に遣わされた預言者たちは、すなわちアッラーの深謀遠慮の表れであり、人類への恩寵であると位置付けられる。

・人の心の揺れ動く様も、アッラーの繊細な差配ぶりを知る手立てとなる。妬み心に警戒すべきこと（一二：五）、窮地に陥っても「悲しむなかれ」と何回も繰り返し諭されることもある（九：四〇など）。悲しみ過ぎることは、日頃のアッラーの恩寵を失念することとなるからである。果実の豊作を確信するあまり、アッラーへの謝意を忘れたため、収穫物は翌朝には焼けつくされていたという事例（六八：一七―二〇）。また人は巡礼に行くとなれば、興奮するのであろう。巡礼で最も必要なことは、物の準備ではなく、篤信でアッラーを意識することであると諭されることなど（二：一九七）。

・次に信者はそうでない人たちよりも、知識欲、礼儀作法、心の清純さ、善良さ、犠牲心、物事に対する熱心さ、人に対する奉仕や同胞心などの諸点で、優れた人柄と気性の人となるということがある。つまり信者への導きがあることを見て、アッラーの存在を知るのである。信者はその綱にすがって引かれて、そしてその結果、言動において非信者あるいは不信であった当時の自分とは、明らかな違いを見せ始める。（一三：二八、三九：二二）

以上がクルアーンに出てくるすべての直観の場面ではもちろんない。さらに最も重要なことは、クルアーンに出てくる諸事例は、直観を網羅的に描写し説諭しているわけではないということである。アッラーの世界は久遠であり、従ってその存在を知ることとなる契機、すなわち直観のきっかけはクルアーン以外にも無限にあるということである。信者の前には、時間と空間を問わず、いつでもどこでもそのような気付きのチャンスが横溢《おういつ》しているということになる。これはいわば言わずもがなの厳然たる事実として、クルアーン全体を支えている基礎であり、大前提である。

さらに追記されるのは、アッラーには九九の美称といわれるものがある。それらは美しい、偉大である、永遠であるなどのアッラー称賛のための名称である。その大半はクルアーンに直接明記されているが、クルアーンから派生したものも含めて、後代の学識者が九九にまとめ上げた。九九は無限を示唆する数として、これ以上の追加は許されず、これで打ち止めとされている。これらの美称は、無限なるアッラーをうかがうための小窓のようなものであり、心を込めて称名することで、アッラーの威光を直覚するきっかけになる。美称も、直観を得る重要な方途なのである。(23)

こうしてアッラーの証左・印は、人の周りに充満しているのである。人々よ、どうして目を向けないのか、分からないのか、ということになるのだ。そしてこれが実はクルアーン全体で繰り返される主題であり、またそれがこの啓典の目的と言って過言ではないということになる。ということは、クルアーンはまさしく、人がイスラーム信仰の直観を得るための気付きの書であり、今様に言うと、ガイドブックに相当するのである。後はそのような招きに応じるのに、その人の心が十分熟しているかどうかが問われるのみである。

なおクルアーンに多数の美称や多岐にわたる直観の場面が満載されてはいても、それは個別具体的な記述であり、概念的な整理を目指した形ではない。そこでクルアーンは繰り返し、時間をかけて読むのが一番の方法ということになる。暗記することも奨励される。その度に直観を得ているのである。ムスリムたちがしきりにクルアーンを読誦する姿は、多くの人が目にしているはずだが、まさしくそれを実行しているのである。

＊天性と静穏

人は天性（フィトラ）により信仰を求め、その信仰は静穏（サキーナ）の心境により確かに会得され堅固なものになるというのが、クルアーンで示される基本的な構造である。それは意図的ではなく、ましてや恣意的でもなく、すべて自然な働きとして、ということは、直観により稼働させられるというものである。

何が善くて何が正しいのか、そしてそもそも何のために生きるのか、など人生は悩みと迷いの百貨店のようなものである。そこでどうしても依拠すべき信条を求めるように定められていると言えよう。それが天性であり、それは万人平等に賦与されている。

だから、あなたの顔を一心に教えに向けなさい。（その教えは）アッラーが人間に賦与された天性（の宗教）なのです。アッラーの創造したものに変更はありません。それは正しい教えです。でも、ほとんどの人びとは知らないのです。（三〇：三〇）

「フィトラ」には虚空の空白部分があり、それを満たしたいという本能的な欲求を人間は持っている、しかしその虚空は、実験と帰納法に基づく科学や人的論理による哲学、あるいは文化などでは埋めることができないものであり、そこに信仰独自の役割があるとされる(24)。またその虚空は、なぜ生きているのか、あるいは人生の目的は何かといった、存在についての人のあらゆる迷いと不安の元凶でもあるが、それらを克服したいという欲求が「サキーナ」を招来するということになるという。この「サキーナ」により信仰が始動し、堅固なものとなる。天性と静穏は信仰を得るに当たっての、二大要因として登場してくるのである。こうして天性を梃子《てこ》として不安を払拭すべく自然に求めることとなる信仰は、同じく天性に基づく静穏の心境によって育まれる。天性、静穏、そしてそれらを稼働させる直観は、不即不離の関係にあるということになる。

信仰により真理を覚知し自らの存在を人の生存の真実に結ぶことがなければ、「サキーナ」を持つこともないし、また人の最終的な幸福は心の安寧にあるが、「サキーナ」がなければ信仰はすなわちおぼつかなくなり、信仰がぐらつくとき安寧は危うくなり、従って幸せも不確かになるという原理である。「サキーナ」は現代でも、試合に臨む時に選手が持つような、エネルギーに満ちてはいても落ち着いた心境にその実例を見ることができると思われる。つまりそれは、夢や幻想ではなく、現実の事象なのである。

また人には喜怒哀楽など精神の様々な側面があるが、天啓によるものは「サキーナ」だけであり、それ以外は因果関係による後天的なものである点が大きく異なる。例えて言えば、忍耐であれ愛情であれ、信者のあらゆる心境や感情は信仰の枝になる果実のようなものであり、「サキーナ」はそれら果実の付け根に当たるとも言えよう。

イスラームでこのような基本的な位置付けを与えられた人の特性は、他には見当たらないのである。枢要な働きをするので関心が惹かれる反面、正体がつかみにくい感のある「サキーナ」については、以下でより詳細に検討し、提示してみたい。

● 「サキーナ」詳論

クルアーンでは以下の六ヵ所で登場している。それらはいずれも、マッカではなくマディーナで降ろされた啓示であるのは、同地ではいかに不安感と共に過ごしたかということを反映しているのであろう。またそれぞれの場面において、直観が働いていることも読み取れる。

①「それからアッラーは、かれの使徒と信者たちの上に、かれの静穏（サキーナ）をもたら

し、またあなた方には見えない軍勢を遣わして、不信心な人たちを処罰されました。」（九：二六）

これは六三〇年、マッカ軍とのフナインの狭谷での戦いの際に、劣勢にあった預言者ムハンマド側をアッラーが助力した際の光景である。敵軍にはこの天使の軍勢が見えたとされ、それにより勢いがひるんだのであった。一方信者には見えなくても、心は安堵感に満ちてその士気を強めた。「サキーナ」の効用とされる。

②「一人の友と二人（ムハンマドと教友のアブー・バクル）で洞窟にいたとき、かれ（ムハンマド）はその教友に向かって言いました。悲しんではいけません。アッラーは確かにわたしたちと共におられます。するとアッラーはかれの静穏（サキーナ）を、かれ（ムハンマド）に降ろされ、あなた方には見えないけれど、（天使の）軍勢でかれを強めました。」（九：四〇）

これは六二二年、預言者ムハンマドが、後に初代正統カリフになるアブー・バクルと共にマッカからマディーナへ避難する際、マッカ郊外のサウル山の洞窟に追っ手から逃れ隠れたときのことである。見えない天使の軍勢は恐怖心を抑えさせ、二人はまんじりともせずにやり過ごして、漸く追っ手の目を逃れることができた。それほどに冷徹な状況判断の力を「サキーナ」が与えたということである。

③「かれこそは、信者たちの心に静穏（サキーナ）を降ろし、かれらの信心を強化された方

でした。」（四八：四）

④「かれらがあの樹の下であなたに忠誠を誓ったとき、アッラーは信者たちにご満悦でした。かれはかれらの心の中にあるものを知って、かれらに静穏（サキーナ）を下し、速やかな勝利で報いました。」（四八：一八）

六二八年、フダイビーヤの誓約により信者たちの胸には信心の誠実さが満ちていることを知り、アッラーは「サキーナ」を送られた。この誓いのあった樹木とは桜の木だったとの伝えもある。いずれにしてもその木を聖視する慣習がはびこってからは、逸脱であるとして伐採された。またその近くには、「桜のマスジド（礼拝所）」と命名されたマスジドがあったが、これは現存していない。

⑤「あのとき不信心な人たちは、心の中に傲慢の念を燃やしていました。（イスラーム以前の）ジャーヒリーヤ時代の無知による傲慢の念です。それでアッラーは、使徒と信者たちの上にかれの静穏（サキーナ）を下し、かれらに（アッラーを）意識する（篤信）の言葉を守らせました。」（四八：二六）

⑥「かれ（タールート）の王権の印は、（契約の）箱があなた方にやってくることです。その中にはあなた方の主からの静穏（サキーナ）があり、ムーサー家とハールーン家の遺品があります。」（二：二四八）

戦闘の時、ムーサーがこの箱を持ち上げると兵士たちの心が落ち着いたともされる。しかしこの雌牛章の「静穏」だけは、他の所が安寧や安心感を指しているのと趣を異にしていると解釈する向きもある。つまりそれは、(勝利を知らせる)微風、あるいは(預言者たちの心臓を洗う)洗い桶、あるいは(正しい教えを示すアッラーの)魂であるといった説明である。「箱」に入れられて持って来られるというので他と異なる種類の議論が生じるのである。

さて「サキーナ」の語義としては、安寧のことであるとされるのが普通である。またそれは安定、静寂、優しさ、安心、緩やかさ、荘重さでもあり、他方、不安、動揺、迷いなどの反義語として一般に理解されている。(25)

さらには語義の広がりを、「サキーナ」に関して一番依拠されることの多いイブン・カイイム・アルジャウズィーヤの整理に従って五点ほど補足してみよう。(26)

①「サキーナ」には独特の荘重さ(ワカール)が伴っていると解説され、その背景としては次の説明が行われている。「サキーナ」は預言者や信者の心に降ろされるものであるが、それにより心には恐れも悲しさもなくなり、新たに三つのもので満たされる。第一は物事を知る光、第二は活力、第三は生命を吹き込む魂である。

②「サキーナ」によって生命力は満ちることとなるが、それはアッラーの支配という真実に対する敬服(フシューウ)の念と一体でもある。この敬服の念は、真実を尊重し、それを称

賛し、それに心を寄せるという三つの側面で形成される。この敬服の念もあって、独特の荘重さを醸し出すというのである。

③「サキーナ」が人の心に降ろされる状況というのは、その必要のある格別の瞬間、つまり強い迷いや疑念を持ち、追い詰められた苦悩の場面などだとされる。

④「サキーナ」によって人の心と行為に効果が現れるとされる。その第一は、自分の心を抑える自重心が増し、第二は、他人への思いやりや優しさが強まり、第三は、真実を追究する心が深まることである。言い換えれば、信仰と「サキーナ」が互いに補強し合っているということになる。

⑤「サキーナ」によって、人は天命に従順になるともされる。それにも三つの側面が上げられる。それは、定めに満足すること、迷わないこと、与えられた境遇に納得して留まることの三つである。ここでは「サキーナ」の信仰心に与える積極的な効果を物語っていることになる。

最後に付言しておきたいことは、「サキーナ」は現代でも日常生活にも入り込むほどに親しまれ、愛用されているということである。まず女性の名前にも使われている。また多数の家庭教育の本や癒し系の出版物のタイトルに登場するのである。さらには、様々なサイトの名称に「サキーナ」が利用されているのを見る。医療系、教育関係、さらにはテロ抑制のための政治的なサイトもある。[27]

＊啓示と直観

現代用語としては、啓示も直観もはっきりと整理されているが、クルアーンという原初の時代にはなかなかそうでもなかった。当時は用語の上でも新たなものを生み出す苦労があったことが分かる。次の二つの側面から検討してみたい。一つは前章で述べたが、クルアーンには「授ける（直観、アルハマ）」は一度だけ登場するというのに対して、啓示（ワハイ）と同じ語根の単語は多数出てくるという非対称性についてである。二つには、クルアーン解釈上の啓示と直観の入り組んだ関係である。

まず「啓示」の内容の確認から始めたい。

クルアーンに啓示が名詞形（ワハイ）が出てくるケースは、六回ある。ただし、啓示するという能動形（アウハー）では四六回、その受身形（ウーヒヤ）としては二六回出てくる。合計七八回ということになる。そのすべてをここでレヴューすることはできないが、そのうち名詞形の六回だけを見てみると、意味的にはすべてシンプルに「啓示する」という語義であることが分かる。

①「そしてわれらの目（監督）の下で、われらの啓示に従って方舟《はこぶね》を作りなさい。」（一一：

三七）

②「アッラーは至高であり、かつ真の王です。それであなたへの（各々の）啓示が完了する前に、クルアーン（の復唱を）急いではいけません。」（二〇：一一四）

③「言いなさい。わたしは啓示によって、あなた方に警告するだけです。」（二一：四五）

④「それでわれらは、かれに啓示しました。われらの目の前で、われらの啓示に従って、方舟を作りなさい」（二三：二七）（二度「啓示」が繰り返されている。）

⑤「それはかれに降ろされた、啓示にほかなりません。」（五三：四）

⑥「アッラーが、人間に（直接）語りかけられることはありません。啓示によるか、帳《とばり》の陰からか、または使徒を遣わすかして、かれの許しの下で、かれはそのお望みを明かします。」（四二：五一）

最後の引用から、アッラーが預言者に話しかけられるのには、三つの場合があることが分かる。第一には、夢や心中に話しかける場合。例えばイブラーヒームが息子のイスマーイールを犠牲に付すように命じられた夢、第二は、アッラーの姿を見ることなく、その言葉を聞く場合（ムーサーがシナイ山で経験したことなど）、第三は、天使による伝達で、これには多数の例があり、クルアーン自身、その全体がそれに当たる。そして以上のいずれも、啓示の範疇に入る。

ちなみに預言者ムハンマドに啓示が降ろされ始めた時の情景は、クルアーンでも特記されている。「(衣に）包まる者よ、立ち上がり、警告しなさい。あなたの主の偉大さを、賛えなさい。そしてあなたの衣（自身）を清浄にしなさい。不浄を避けなさい。圧倒されて弱気になるではない。あなたの主のために、耐え忍びなさい。」（七四：一―三）

●啓示は頻出するが、直観はそうでないこと

「啓示」と訳される言葉は七八回も頻出しているが、それは名詞形のワハイに見たような狭く限定された意味だけに使用されたのではなく、命令やつぶやきなどの意味も合わせ持って使われたのであった。それがクルアーン編集時よりは、様々な整理の中で直観として振り分けられる固有の領域が意識されてくるようになり、「啓示」と呼ばれているケースでも、意味上は直観として仕分けして理解する必要が徐々に鮮明になってきたものと想定される。一方「直観」そのものは、本節冒頭のように多数の具体例が挙げられたわけだが、それらは一度も「直観」とは命名されずに終始した。つまり実態はあったが、それをまとめて指し示す呼称は存在していなかったか、少なくとも普及していなかったと推定される。そこで「啓示」の中から「直観」を振り分けるに当たり、その用語として「授ける（アルハマ）」に自然と的《まと》が絞られたのであろう。(28)

「啓示」を整理して「直観」を用語として独立させる右の進展は意味の分化であり、これは言語現象としては特段例外ではない。そしてこの事情は、アラビア語確立の過程を考えると、むしろ当然であったと言える。アラビア半島で往来する多数の部族は、実に多様な方言を使っていたのであった。その多様性は当然、クルアーンの言葉にも流れ込んでいった。それら諸方言はいずれもアッラーの言語として、イスラーム成立以降に一つのアラビア語としてまとめられた。だからアラビア語はいつも、一つの単語は多義であり、一つの対象について多語彙なのである。

今までのところ、「直観」を仕分けてそれを育むこの興味深い過程の詳細な実証研究はいずこにも見当たらない。その主要な部分は「啓示」を巡るクルアーンの解釈論議として展開されたのであろう。なおこのような経緯ではあるが、そのために「啓示」の独自の機能に対する崇敬の念と、「直観」の類まれな貢献に関する尊重の観念については、何らの陰も落とされて来なかったことは、言うまでもないところである。

ちなみに、信仰の極致とされる心境である「安寧（トゥムアニーナ）」や「幸福（サアーダ）」に至っては、後代において論議華やかな分野になったものの、それ自体はクルアーンには一度も出てこない用語であり、それらも学識者によって培養され、育まれてきたものであった。各用語の成立過程とそれらの固有の価値は、全く別問題である。

こうしてクルアーン上の「啓示」は、幾つかのニュアンスの違いを含みつつ、個別具体的な諸例の枚挙に終始している。このことは前述のクルアーンに満載されている直観の諸例も全く同様であった。つまりその整理された理論的な陳述は、後代の学識者たちの検討を待たねばならなかったということである。また当然ながら、その間の膨大な数の人々の豊富な直観体験の蓄積も学的検討の後押しをしていた。

●啓示と直観の入り組んだ関係

次には、どのように「啓示」と「直観」が入り組んだ関係にあるかについて、具体的に見直しておきたい。筆者水谷が「啓示（ワハイ）」がクルアーンで登場する七八回のケースのすべてについて整理したところ、主が預言者に伝えるという典型的なパターンではない次のような諸例が出てきた。

①まず預言者以外の様々な「啓示」の受け手が登場してくるのである。イーサーの従者たち（五：一一一）、一般の人びと（八：二九）やムーサーの母親（二〇：三八、二八：七）がある。それから天使たち（八：一二）、七層の天（四一：一二）、蜂（一六：六八）、大地（九九：五）などもある。

イーサーの弟子たちに対して、イーサーに従うようアッラーが啓示して求めたとき（五：

一一二）、人々に対してアッラーを意識するならば、悪行を取り消してもらえることを諭されたとき（八：二九）などについて、クルアーンにおいて「啓示」と言われても、預言者以外の人びとに対するものは、一般の人々への説諭として、直観の部類として仕分けるのが適切だと思われたことであろう。それらには布教する目的もなければ、一般的な法規範としての意味合いも含まれていないのだ。

次に預言者ムーサーが誕生した時には、エジプトの支配者であったファラオはユダヤ人の男性の赤子は殺害するように命令したが、ムーサーの母親はその危害に会わないため、将来再会することを確信しつつムーサーを小舟でナイル川に流したということがあった（二〇：三九）。アッラーがそれを確約され、さらには将来ムーサーを使徒の一人とすることも約束されたのであった（二八：七）。啓示は人類全体に関わるものとすれば、このムーサーの母親の事例はそれには当たらない。そこでこれは、直観としてその人個人に限って該当するものであるという仕分けの事例となる。そのような直観は天使が伝達したのか、あるいはどのような方法でムーサーの母親に生起したかは記されていない。

また残りの「天使たち」や「蜂」や「七層の天」や「大地」が啓示を受けたといった場合は直観ではなく、いずれも「命じられた」、「指示された」といった意味合いに解釈される。

②「啓示」をする主体については、悪魔（シャイターン）（六：一一二）、悪魔的な人間や幽

精（ジン）（六：一一二）、嘘をつく人たち（六：九三）、そして預言者ザカリーヤ（一九：一〇〜一一）などが出てくる。これらはクルアーンの解釈として文字通りの「啓示」ではないので、それぞれ「(悪魔は）囁く」、「(人間は）合図した」などと説明されることとなる。ただし絶対主の意思を伝えるという基本構造は変わりないとすれば、悪魔の囁きも直観ということになるのか。「囁き」も「啓示」と呼ばれている以上、これもやはり啓示の仕分けの一端ということになるので、それは後代の解釈作業の中で整理されるしかなかった。

以上のように、クルアーン上「啓示」とはいってもその内容は区々に分かれており、その中から「直観」が区別され意識されることが判明したかと思われる。いずれにしてもクルアーン成立後しばらくすると、啓示と直観の明確な差違としては、啓示は預言者に限定的に降ろされてきたし、それもムハンマドで最後となったが、彼以外の人類全体には、静穏の可能性と直観への期待感が残されていると仕分けられるようになったということである。さらにその後の時代に至ると、イスラーム法源論や神秘主義における認識方法の一つとしても、直観論は熱を帯びることとなったのであった。

なお付言すると、「直観」を日本語で扱っている間は、一層事態は複雑化する恐れがあるということである。それは信者から絶対主に対して、下から上への方向のように感じやすいという問題である。他方、アラビア語においては、この方向性の問題はほとんど意識されずに、人は直観で主を見出すし、逆に主からの導きで直観を得るというように、初めから双方向に把握されていたのである。この双方向性は、日本語感覚からすると少々不思議な気持ちを持たせられる。それだけに、ここで強調しておきたいのは、イスラームの「直観」は元来、天啓であるということである。

ア．クルアーンにおける直観とその構造

クルアーンを通じて分かることは、直観は絶対主に結びつくという点で、啓示と硬貨の両面のようであるということ、そして天賦である天性や静穏と抱き合わせで理解すると早いということである。しかしこの基本的な概念整理があるとしても、それは預言者の言行録や歴史上多数の優秀な論者の多様な議論や解説により、一層理解の幅と深みが拡張されてきた。以下の叙述において、そのような展開を広く見ることになる。

イ．ハディース（スンナ）を通じる直観の展開

一、はじめに

ア．アッラーと人間の崇拝行為

イスラームにおける直観を考えるにあたり、まず、イスラームにおける人間の存在について考える。アッラーはなぜ人間を創造したのか、その答えはアッラーの言葉であるクルアーンの中（五一：五六）に示されている。アッラーは人間とジンをアッラー自身に仕えさせるために創造したとある。そして、アッラーを賛美させるためである。

そのために、人間はアッラーの存在を知る必要がある。ゆえに、アッラーが自らの存在を知らしめる手段を人間に与えている。それは、人間自身の内部に備えさせている。フィトラ（天性）という。フィトラによって人間はアッラーの存在を知ることが出来るように創られている。しかし、フィトラによって自然な形で知ることが出来ない場合がある。それは人間が様々な環境に生まれ育つことによって、フィトラが機能しなくなることがある。そのことは預言者ムハンマドの言葉にもある。

およそ子供は全てフィトラ（本然の姿）によらないで生まれてくる者はいない。しかし両

親が子供をユダヤ教徒にしたり、キリスト教徒にしたり、多神教徒にしてしまうのである。すると一人の男が〝アッラーの使徒よ、もし子供がそうなる以前に死んだらどうなるのですか？〟と言った。すると彼はこう言った。アッラーだけが彼らの行ったであろうことをよくご存知だ。(29)

それでも、フィトラが正常に働くために、アッラーはこの世界を創造して、アッラーを知る契機を与えている。それは現世における森羅万象である。天空には太陽、星、月があり、地上には動物、植物、すべての生命あるもの、生命のないもの、それぞれの存在である。その一つ一つの存在に人間のフィトラが動かされることによってアッラーの存在を知ることがある。あるいは、アッラーへの意識が芽生えてくることがある。

二つ目として、アッラーは人類に対して、預言者を送り続けてきた。最後の預言者として、完全な形でイスラームを伝えるためにムハンマドを遣わした。

フィトラによって認知したアッラーの存在認識がさらに確実となるために、預言者ムハンマドの教えがある。それは預言者に伝えられた啓示によるものである。イスラームはアッラーの認識であり、アッラーの崇拝であり、アッラーからの導きであり、アッラーからの正道である。その一つ一つが本書の主題である直観によるものである。預言者にとっては啓示となるが、一般の人々にとってはアッラーの存在を感じる喜びの瞬間といえるものである。

イ．直観とは導きの感受

イスラームにおける直観とは導きの感受であるといえる。それが起こるのは正道への導きを感じるときであり、邪悪からの守護を感じるときである。

直観を受けるためには、アッラーへの崇拝が基本であり、崇拝行為が行える状態を作り上げることが必要である。それはムハンマド自身の啓示（召命）体験により、ムハンマドが伝えた教えである。一般信徒はムハンマドの教えを全幅の信頼をもって、一挙手一投足をアッラーへの崇拝行為として、実践していき、その結果として、アッラーの導きと加護を得ようとすることになる。イスラームにおける直観を得る方法はアッラーの導きを得るために、預言者の教えを日々の生活において実践することと理解する。スンナの実践にこそ直観の蠢動《しゅんどう》があるある。ここで取り上げる直観は特別な修行によって精神的高揚とともに得る閃きなどの類《たぐ》いを意図しているのではなく、一般信徒が日々の生活の中で得る感性を主として考えている。ムスリムは日々が教えの実践であり、修行の日々といえるからだ。

二、直観を得る清浄性―預言者の啓示・召命状態から

ア．預言者における心身の浄化

預言者ムハンマドはアッラーから選ばれ、アッラーから啓示を授けられた人物である。預言者にとってはそれが直観である。それを受け入れるために心身の浄化という特殊な経験を人生で二度体験することになる。

一度は、預言者が子供の頃であり、少年たちと遊んでいる時、天使ジブリールがやってきて、胸部を切り裂いて心臓を取り出し、そこからシャイターンの一部である血の塊を取り出した後に、ザムザムの水で浄化して、元に戻した。(30) そして、心臓を閉じる際にはそこに静穏が収められた。(31)

二度目はアッラーの許《もと》へ昇天する時である。預言者がマッカの家に居たときに、天使ジブリールが降りてきて、やはり前回同様に心臓を浄化した後に、胸に智慧と信仰を注ぎ込み、胸を閉じ合わせた。(32)

前者の場合には、これから預言者として人格を形成するために身体的にも心的にも浄化が施されたことになる。後者はマッカのカアバ殿からエルサレムまでの夜間飛行、そして、アッラーの許へと昇天する霊的体験を受け入れるために人知れず入り込んだ邪悪を除去し、内面を強化したものと思われる。

預言者ムハンマドはこのように子供時代に心身の浄化を受けて、啓示を受け入れる素地が創られ、さらに、成人後も心身の清浄さが護られていた。

イ．預言者としての人格形成

預言者は幼少の頃からアッラーに護られて過ごしており、マッカの子供たちの娯楽や遊興を一緒に行うことはなかった。

預言者は若い頃には、マッカ住民が信奉していた偶像崇拝を行うこともなく、また偶像に捧げられた食べ物などは食べず、酒も飲むことなく、賭け事も行うことはなかった。卑しい話や淫らな言葉を使うことなど全くなかったと伝えられている。(33)

預言者の人格がアッラーに護られながら形成され、人々の間でアミーン（信頼される者）として知られるようになっていた。

壮年期になって、アッラーは召命の数年前から、マッカ郊外のヒラー山の洞窟に一ヵ月間籠もり、瞑想するように預言者に仕向けていた。この洞窟での瞑想はクルアーンが下されるまで続いていた。(34)

ウ．預言者にとっての直観―召命現象

預言者が四〇歳になったラマダーン月に籠もっていたヒラーの洞窟で、アッラーの遣いである天使ジブリールからアッラーの啓示を受けることになる(35)。

預言者は驚きながらも、天使ジブリールの命《めい》に応じて、アッラーからの最初の啓示を受け取ることになる。それがクルアーンの始まりである。

預言者の驚愕と恐怖は自宅に戻っても収まらず、妻ハディージャの説得でようやく落ち着きを見せる。

さらに、ハディージャの伯父の息子であるキリスト教徒ワラカに預言者に起こったことを伝えたところ、それはモーゼに降りてきたナームース（ジブリール）だと二人に伝え、偉大な使命を受けたことを諭《さと》した。

ムハンマドは徐々に、自分がアッラーから遣わされたアッラーの使徒であることを自覚するに至る。

預言者ムハンマドがアッラーから啓示を受けるまでを概観してきたが、そこで言えることは、アッラーが選んだ人物ムハンマドに対して、啓示を受けさせるための準備をさせたことである。それは心身の浄化であり、精神的、肉体的に不浄な状態との接触を避けさせたことであり、そして完璧な人格を形成させたことである。

三、一般信徒における直観―イスラームの崇拝行為による直観

ア．預言者からイスラームと信仰の伝授

預言者はアッラーからの導きによって、万人に対して、イスラームを伝えていくことになる。一つのまとまった形でイスラームと信仰について教友たちに語っている場面がハディースで伝えられている。[36]

それは、教友たちの前で、天使ジブリールが人の姿として現れ、預言者に問う形をとっている。そこでは、すべてのことはアッラーからの教えであることを教友に改めて知らしめることであり、不可視界（幽玄界）と有視界の存在を目の当たりにさせるためであると理解される。

ジブリールはイスラームについて問い、次いで信仰について問う。さらに、信仰の極みとして、イフサーン（善行三昧、極信）について問い、最後に審判の日について確認して、信仰の真なる姿を示させた。

イスラームにて、五行を伝えた。それはアッラーを崇拝する方法として定めた信仰行為（儀礼的信仰行為）である。預言者はアッラーから心身の浄化を行われたが、信徒に対しても、崇拝方法と同時に心身の浄化方法を伝えたことになる。

心身の浄化と崇拝の方法はアッラーへの向き合い方であり、アッラーからの正道への導き、

邪道からの防御を得るためである。それがイスラームの直観の会得の方法である。ジブリールと預言者のイスラーム問答はまずイスラームを形から入ったのである。形を習得することで、身体が信仰行為を受け入れ、心も徐々に未知の世界を感受する準備が整ってくる。身体的に信仰を体現することによって、見えない世界（幽玄界：不可視界）の存在を体感することができ、信仰箇条の一つ一つを実感として、受け入れることができるようになる。

イ．信仰行為による直観受け入れ

①意思表明とシャハーダ（信仰告白）

信仰行為を実践するにあたり、重要なことは意思の確認である。預言者の言葉に「行為はその意図によってのみ評価され、人間にとって、意図だけが問題である」[37]とある。行為が正しくアッラーに受け入れられるためには、アッラーにのみ忠誠を示す意思をもち、預言者が示した教えを体現することにある。

まずはシャハーダ（信仰告白）である。五行のうちの最初の信仰行為として示される。

シャハーダはイスラームの扉であり、ムスリム人生の始まりである。

シャハーダを唱えることによりムスリムとなり、イスラームの教えや行動の基準となるアッラーの言葉であるクルアーンと預言者のスンナを人生の指針としてイスラーム共同体の中で実践することを誓約する。これによって、アッラーからの直観を受け取ることができる内面的な素地ができる。

②五行のうちの二つ目である礼拝

礼拝の方法はジブリールが預言者に伝えている。その状況は預言者伝から知ることが出来る。礼拝前の浄めであるウドゥー（小浄）を始めとして、一日五回の礼拝の時間帯と形をジブリールが預言者に授け、さらに預言者は妻のハディージャに教わったとおりに伝授している。[38]

＊礼拝を行う前に行うウドゥー

礼拝にてアッラーに向かう前に、清浄な水でウドゥーを行い心身共に浄化する。ウドゥーの功徳として、預言者はこう伝えている。

しもべがウドゥーの規則に従って顔を洗う時、彼が日頃気にしているあらゆる罪は、彼の顔から水と共に、もしくは、水の最後の一滴と共に洗い流される[39]

ウドゥーを行うことで、精神的安定が心の中にわきあがってくることを誰もが実感する。

それは一つのささやかな直観といえる。

＊次に礼拝

イスラームの礼拝は信仰行為の中で最も重要な行為である。日々の生活の中でアッラーを賛美する崇高な行為である。礼拝の中で、立礼（立ち姿）、屈折礼（中腰の姿）、座礼（座位の姿）、平伏礼（平伏の姿）を行うが、それは人間が取り得るあらゆる姿勢においても、アッラーの偉大さを讃え、アッラーに加護を求め、アッラーの命に従順し、アッラーに赦しを請うことを象徴している。

礼拝で平伏礼を行うたびに、アッラーの加護に包まれている安堵感を得ることができ、喜びを感じるのもささやかな直観である。

特に金曜礼拝について、預言者は祈りの大切さをこう伝えている。

「金曜日に、篤信のムスリムがアッラーに善き事を祈願して礼拝すれば、必ずそれが叶えられる時がある」(40)

ムスリムは誰もが金曜日の徳を理解しており、その日に祈願することの成就を実感している。積極的な直観と言える。

礼拝におけるすべての所作で完全な崇拝意識に徹することが望まれるが、様々な雑念が往来するのが常である。その中で、一瞬でも雑念なくアッラーの導きに身を委ねる感覚を持てることがある。それは無上の喜びであり、礼拝の功徳であり、求めていた直観である。

③イスラームの信仰行為の三つ目であるラマダーンの斎戒

イスラームでは、ラマダーン月の斎戒[41]は一年に一度、一ヵ月間にわたって行われる。ラマダーン月の斎戒は、ムスリムにとって、自制心を養い、信仰心を深めるための重要な実践である。斎戒を行うことによって、ムスリムは、自分自身の欲望や衝動をコントロールする能力を高め、自己の信仰心を強化する。

ラマダーン月の斎戒で感じることとは、普段の生活で多くの無駄を行っていることである。食事にしても、行動にしても、時間にしても、思考にしても、多くの無駄なことをしている。斎戒になると、そのことに気づかされる。特に、精神的に物事に集中し、思いもよらないことに気づかされることがある。ラマダーン月の恩恵であり、直観である。

ラマダーン月の徳について預言者は伝えている。

「ラマダーンに信仰（と善行）に対する報償のために、夜間礼拝を行う者はその者の過去の罪科は許されるであろう」(42)

④四つ目の信仰行為であるザカート（喜捨）

ザカートは礼拝や断食と同じく、信仰行為の一つであり、アッラーへの完全な忠誠とアッラーから恩恵に対する感謝の念を示し、ムスリムに犠牲心と慈悲の心を増幅させ、利己的な考えや無慈悲な心を遠ざけることになる。ザカートは浄化の意味があり、ザカートを納めることによって、自己浄化を図り、より高い精神的な高みを目指す。ザカートや施しを行うたびに、人は物欲の呪縛から解き放され、他人にさらに優しく接する自分を発見するなど、正道への導きをすんなりと受け入れる素地が創られる。それこそ、消極的直観と言える。

⑤最後の信仰行為である巡礼

巡礼はイスラームにおける第五の信仰行為であり、ムスリムに課せられた重要な義務行為である。定められた巡礼月の期間に、マッカへ向かい、カアバ殿、ミナー(43)、ムズダリファ(44)、アラファ(45)と巡礼地をめぐる。

巡礼は世界中から三〇〇万人のムスリムが集まる一大行事であり、ムスリムの同胞意識の強化と一体感が生まれる。アラファの地に集結し、一心に祈りをささげることで、ムスリムの平等な相互信愛の情念を強化することができる。

ある説教師が諭す。『巡礼は苦行である。巡礼には苦難がつきものである。準備での苦難、交通での苦難、食物での苦難、混雑の苦難、トイレの苦難、すべての苦難を乗り越えて、初めて巡礼を成し遂げることができる。』

すべての苦難の末にアラファの祈りがある。誰もが祈りが受入れられると信じている。その結果は誰もが体験する疑うことなき積極的な直観である。

巡礼の功徳について、預言者はこう伝えている。

「アッラーが地獄からしもべらをより多く自由にする日は、アラファの日以外にない。アッラーは近づいて、天使たちの前で彼らを誉めそやし、『この者たちはなにを望んでいるか』とお尋ねになる」[46]

「(巡礼を行なう目的で)カーバ殿にきて、下品な言葉を口にせず、邪悪な行為もしなかった者は、母が彼を生んだその日のような清浄な身となって家に帰ることができる」[47]

基本的な信仰行為を示したが、そこには明らかにアッラーへのイフラース（完全で純粋な忠誠）とともに真摯に行為を実践することによって、アッラーからの導きと加護を祈る姿があるだけである。

その祈りは、日常の中にも表れる。生活で一挙手一投足において、預言者の教えに従って生きていくことに、身体がアッラーへのイバーダ（崇拝行為）に応えるようになり、心身共に常にアッラーへの祈願で満たされる。そこに、直観を受け入れる態勢が整う。

四、イスラームの世界観による直観

ア．信仰箇条による世界観

ここで預言者が伝えた信仰個条を振り返ってみる。預言者はジブリールとの問答で、六つの信条をサハーバ（教友）[48]に確認させた。

アッラーは唯一であり、世界の創造主であり、人間に分かるように九九の美名を授け、アッラーを身近に感じさせている。この世は七天が存在し、各天界に諸預言者が存在していることを知らせ、その天界に天使とシャイターンとジンなる不可視界での存在を知らしめている。現世の創造から来世への転換、そして来世での出発点である審判と永遠なる天国と地獄の存在、それらすべてがアッラーの意思によって動いている世界を実感させる六信の壮大さがそこにある。

イ．不可視界との交信としての直観

①天使の受け止め方

目に見えない存在である天使とシャイターンとジンとの人間の関りはどうなるのであろうか。

まず、天使から見ていくことにする。

天使はアッラーの被造物であり、アッラーの命令を実直に実行する存在である。天使は多くの役割を担っているが、人間との関りの中で、その一部を挙げてみる。

預言者はこう伝えている。

「アッラーは天使たちに『わたしのしもべに悪心を抱く者があっても、それを記録してはならない。もし実際に彼が悪を犯した場合は罪行一つと記しなさい。また、もしも善心を持ちながら、それを実行してない者がおれば彼のため善行一つと記録しなさい。もしそれを彼が実行した場合には、彼に関する記録簿に善行一〇箇と記しなさい』とお命じになった(49)」

心の動きまでも天使に記録させるとのアッラーの命を伝えるハディースは、天使を身近な存在として自覚させることができる。善行を行うのも、悪行を思いとどまるのも、アッラーの導きと加護であるが、善行を遂行する衝動も悪行を停止する衝動もアッラーからの直観として受け止めることができる。その直観を書きとめてくれる存在が天使の役割であり、アッラーからの慈悲である。

アッラーの導きで起こる直観、それによる善行、アッラーの命を受け人間の心の動きまでを監視する天使、これらの有視界と幽玄界（不可視界）を包含したイスラームの世界観の中でアッラーから個人までの意識が完結している。

②シャイターンの防ぎ方

一方で、ジンとシャイターンの存在がある。

ジンについて次のようなハディースがある。

アッラーのみ使いは、「あなたたちの中で、ジンを随行者としてもたない者はいない」といわれた。教友らが「み使い様、あなたもですか」ときくと、み使いはそれに対し「そうです。ただ、アッラーは、ジンから私を守って下さる故、私は安全なのです。ジンは私に対しては、善行以外のことは命じません」といわれた。[50]

ここでは、ジンはすべての人々に影響を与えることが出来る存在であることが示されているが、預言者の言葉の最後にあるようにアッラーの加護と導きによってジンの影響を善い方向に向かわせることができると理解される。

ゆえに、ジンには良いジンと悪いジンが居ると言われているが、ジンからの悪い影響を避けるためにも常にアッラーに加護と導きを求める祈りを行う。

シャイターンにしても、同様に、シャイターンは人間を堕落への道へ誘うために様々な仕掛けをしてくる。それに対応するために、やはり、預言者の教えに従って、日々の生活をする。

預言者はこう述べている。

「シャイターンは、彼の分隊を派遣して人々の間に災いを起こさせる。彼の眼からみて、最高位の者は、災いを最も多くもたらす者である」[51]

悪いジンにしろ、シャイターンにしろ、その悪さの影響は人間の心の中に様々な不安を形作ってしまう。悪行を行おうとする気持ちが起こされるかもしれない。

預言者でさえ、常にこう祈りを行っていた。

「アッラーよ、私が無気力、怠惰、臆病、吝嗇《りんしょく》、耄碌《もうろく》などの状態にならぬよう、また墓での災いをうけぬようお守り下さい。アッラーよ、私の魂を真摯たらしめ、清めてくださ い。あなたは最もよく清める御方です。あなたは、また、魂を守る友であり、保護者でもあります。アッラーよ、私たちが役に立たぬ知識や謙虚さを忘れた心、また、満たされない心などを持ったり、更にまた、あなたに受け入れられない祈願を行なったりすることがないよう、私たちをお守り下さい」(52)

祈りの後に、信徒が心の不安定な状態から脱したとき、また悪行を止めたとき、このように悪行を止めようとアッラーを思い起こす意識こそ直観であり、アッラーを信ずる真の信仰からである。預言者は次のように言っている。

「不義を行おうとして不義を止めたその人は完全な信仰者である。盗もうとして盗むの

を止めたその人は完全な信仰者である。酒を飲もうとして飲むのを止めたその人は完全な信仰者である」(53)

悔悟の重要性である。真の悔悟はアッラーに受け入れられる。アッラーへの信仰を呼び起こす衝動こそ直観である。アッラーからの導きであり、加護である。信徒の喜びであり、それは無上の喜びである。

五、最後に―祈りの成就と直観と定命信仰

ムスリムの人生は祈りの人生である。心身共に清浄を心がけ、日々の行動にも預言者の行動を模範として、生活をしており、儀式として信仰行為を一つ一つ丁寧に行っていく。信仰行為の動作の一つ一つには祈りの形があり、日々の生活の中でも、眠りから醒めて、生活の糧を得る中においても、さらに一日の終わりに眠りにつくまで、様々な祈りを行う。そこに、アッラーからの導きと加護を求める姿が基本にある。

すべての祈りにはアッラーからの応答がある。それは信徒の定命への信仰からである。ムスリムのすべての行為はビスミッラーヒッラフマーニッラヒーム（慈悲深く、慈愛遍くアッラーの御名によって）で始まる。自分の信仰の表明であり、アッラーの加護によって行為の

成功を祈願する。行為がうまく行ったときには、アッラーへの感謝をこめて、アルハムドリッラー（アッラーに称賛あれ）と唱える。ことが失敗したときには、アッラーフ・アクバル（アッラーは偉大なり）と唱える。そこには、アッラーの深淵なる叡智を理解することになる。こうなることをアッラーはすでにご存じである。そのことを自覚するのである。ビスミッラーヒッラフマーニッラヒームで始まる日々の生活はアッラーの定めの受け止めである。それは平穏な日々の出来事として、受け止められるので、ムスリムにとって直観というほどの衝動を与えることはないかもしれない。しかし、あるときには、思い悩んだ末に自分の意図しない方向に導かれビスミッラーヒッラフマーニッラヒームによる選択に、結果的に自分の求める良い結果が出てくるときの感激、導かれている感動、感謝に思わずアルハムドリッラーと唱えることであろう。まさに直観の体験である。しかし、その逆もまた真なりである。自分の意図しない結果に衝撃を受けることもある。それも負の側面としての直観である。アッラーの定めを試練として受け止め、クルアーンの一節を心に留めることになる。

「地上において起こる災危も、またあなたがたの身《み》の上《うえ》に下《くだ》るものも、一つとしてわれがそれを授ける前に、書冊の中に記《しる》されていないものはない。それはアッラーにおいては、容易な業《わざ》である。それはあなたがたが失ったために悲しまず、与えられたために、慢心しないためである。本当にアッラーは、自惚《うぬぼ》れの強い高慢な者を御《お》好みになられない。(54)」

そして、預言者はこう述べている。

「強い信徒は好ましく、アッラーにとって弱い信徒よりも愛すべき者である。だがしかしどちらにもそれぞれ良い点が認められる。いずれにせよあなたにとって（来世で）有益なものを一生懸命やりなさい。そしてアッラーに助けを求めなさい。決して諦めてはいけません。そしてもしあなたに何か災難がふりかかって来ても〝もしあの時こうしていたらこうこうこうだったのになあ〟と言ってはいけません。むしろこう言いなさい。これはアッラーの定め。彼が望んだことを行ったのだ。なぜならばこの種の〝もし〟という言葉は悪魔の仕業に道を開けるからです。(55)」

まとめとして、アッラーの存在を知り、アッラーの使徒ムハンマドの教えに則り生きることの真理こそが直観の原理であると意識する。

【註】

(23) 美称全体の細かな検討は、水谷周『イスラーム信仰とアッラー』知泉書館、二〇一〇年を参照。

(24) 天性に虚空の部分があるとの説明に関しては、本書第三章キ．「アルカラダーウィー」①信仰と天性・静穏の節参照。

(25) クルアーン上の「サキーナ」の用法や、類義語との比較に関する論文としては、Mahmud Muhammad Abd Khas, *al-Sakina wa Nazairuha fi al-Quran al-Karim, Dirasa Mauduiyya,*" Islamic University in Ghazza, 2012. pp.175. MA Thesis. 同類の先行研究は全く皆無であると強調されている。

(26) Ibn Qayyim al-Jawziyya, *Madarij al-Salikin*, Beirut, Dar Ibn Hazm, 2013. 六五〇頁。

(27) 水谷周「サキーナ（静穏）について」、同著『イスラーム信仰とその基礎概念』晃洋書房、二〇一五年、所収、七九―一一二頁、参照。

(28) イスラーム以前の時代において、直観の実態はあったとしても、それが「直観」としてまとめて意識され命名されていたかどうかは、当時の碑文や古代詩を精査する必要がある。同用語の普及を偲ばせる史料は存在していないようだ。徳永理砂『イスラーム成立前の諸宗教』国書刊行会、二〇一二年。「イスラーム信仰叢書」第八巻。

(29) 磯崎定基・飯森嘉助・小笠原良治訳『日訳サヒーフ・ムスリム』、（宗）日本ムスリム協会、一九八九年、第三巻、五八二頁。
(30) 前掲書『日訳サヒーフ・ムスリム』、第一巻、一二六頁。
(31) Ahmad Ibn Hanbal, *Musnad al-Imam Ahmad,*（イマーム・アフマドのハディース集）Dar Ihyai al-Turath al-Arabi, Beirut, 1993. vol.4, p.184.
(32) 前掲書『日訳サヒーフ・ムスリム』、第一巻、一二九頁。
(33) ムスタファー・アッスィバーイー著『預言者伝』中田考訳、日本サウディアラビア協会、一九九三年、三六頁。
(34) 同掲書、三八頁。
(35) 前掲書『日訳サヒーフ・ムスリム』、第一巻、一一八頁。
(36) 前掲書『日訳サヒーフ・ムスリム』、第一巻、二七頁。
(37)『ハディースⅥ』、牧野信也訳、中央公論社、二〇〇一年、四二頁。
(38) イブン・イスハーク著『預言者伝』、イブン・ヒシャーム編註、後藤明ほか訳、一巻、239頁。
(39) 前掲書『日訳サヒーフ・ムスリム』、第一巻、一九七―一九八頁。
(40) 前掲書『日訳サヒーフ・ムスリム』、第二巻、二八頁。
(41) 基本的に食欲と性欲を抑制し心身共に清浄に保つ信仰行為。
(42) 前掲書『日訳サヒーフ・ムスリム』、第一巻、五一九頁。
(43) マッカの中心から東へ約五キロメートル離れた谷間の巡礼地。

(44) ミナーの谷からアラファまでの間の谷間の巡礼地。
(45) 巡礼行事で最重要な逗留行を行う巡礼地で、マッカ中心から二五キロメートル離れている。
(46) 前掲書『日訳サヒーフ・ムスリム』、第二巻、四〇七頁。
(47) 同掲書『日訳サヒーフ・ムスリム』、第二巻、四〇八頁。
(48) ムハンマドに直に接した第一世代のムスリム。
(49) 前掲書『日訳サヒーフ・ムスリム』、第一巻、九六頁。
(50) 前掲書『日訳サヒーフ・ムスリム』、第三巻、六九三頁。
(51) 同掲書、同頁。
(52) 同掲書『日訳サヒーフ・ムスリム』、第三巻、六一九頁。
(53) サヒーフ・ムスリム　ハディース八五。
(54) 徳増公明編集責任者『日亜対訳・注解　聖クルアーン』、第一〇刷、(宗) 日本ムスリム協会、二〇〇九年、五七章二二―二三節。
(55) 前掲書『日訳サヒーフ・ムスリム』、第三巻、五八六頁。

三、諸説に見る直観論

＊各論の特徴点一覧

特徴点にはそれぞれキーワードが見出せるので、それらを太字とした。便法ではあるが、全貌を把握するのに役立つと思われる。

全体を通じて見えてくるのは、クルアーンとハディースの教えを順守することに邁進する姿である。常に生活全体で取り組む中で、その人の「内なる声」に呼応し、神の鏡から映し出されるように、「心」に直観が働くのである。それは最も高貴な感性により、内在世界の頂点に達するごとくである。また直観のその先にある神からの特別な恩寵や祝福（超常現象）に慢心は許されない。それは段階的に継続する試練なのである。心の静穏と安寧をアッラーから賜り、自分の隅々までそれらが満ちることを感じることに、最良の果実が見出される。

イブン・アルジャウズィー：信仰世界に絶対の主として鎮座するのがアッラーである。そこで常にアッラーを意識すること、言い換えればアッラーを求め敬愛することが、信者の目指す目標ということになる。「**常に」ということは、放置すれば光を失うから**である。アッラーはその本質を一人で想い、常に意識すべき実在である。知識だけでは信仰から遠く、理性はそもそも主の賜りものに過ぎない。

アルガザーリー：直観は魂や自我や理性が微妙な相違と合一をもって重なり合う「心」に生じるので、直観の真贋と正邪を見極める学びと、惑いの元凶である悪しき自我の調教や純化が肝要である。**直観はどこから得たかわからない知識である。それは真理の碑板の鏡から、人の心に映し出されたものに他ならない。**つまりアッラーのためにあろうとする者には、アッラーがその者のためにあらしめられるのである。この道は、己を浄めて誠実な意志を高める備えをしつつ、神のお慈悲による働きかけを待つだけである。

イブン・タイミーヤ：すべての判断基準はクルアーンとスンナである。直観は導きであり、心身ともにイバーダ（崇拝行為）で生活する人に導きが直観として顕われる。**人間**

には直観を受け止める「内なる声」がある。特に、信仰と宗教的行動は、単なる個人的な感覚や解釈に基づくものではなく、クルアーンや預言者の教えに基づいて堅実に行われるべきである。これによって、信徒個人が誤った判断や誘惑に惑わされることなく、真の信仰に従って生きる道を模索する手助けとなる。

アルジャウズィーヤ：イスラーム信仰の根幹は、単一なるアッラーへの完璧な帰依にあることは大前提であるが、その域に達するには**心の浄化と集中が必要で、それは睡眠のとり方や食物内容を含めて、生活全体から出てくる**ものであることが強調されている。これがアルジャウズィーヤ流の覚知論ということになる。また理性優先の高慢な法学者、神学者や過激な神秘主義者と禁欲主義者、そして抑圧的な権力者や支配者らは、信仰の途から外れていると断言している。

アフマド・アミーン：不可視の世界に属する信仰は、幻想ではない。そのためには直観を働かせることとなる。**信仰の真髄は最も高貴な感性により、内在世界の頂点に達することである。**人の天性には、真善美を希求する傾きが賦与されている。宗教は真善美を包括し、それらの上部にある精神界である。

アルブーティー：直観は品行方正さが備わっていてはじめて考慮に値するものとなる。傲慢さや自惚れがあると直観は恩恵とは言い切れず、段階的な試練にもなり得る。**大切なのは、直観の先にある神からの特別な恩恵としての超常現象への対処法である。**特別な体験を得て更なる感謝を捧げ、善行に一層励むようになればそれは恩恵となる。しかし自惚れて己を特別視し、他人に吹聴するならば、それは悪魔の罠にかかった災難となる。

アルカラダーウィー：アッラーに依存するのは、善い果実をもたらす樹木に頼るようなものだ。精神と生活に、個人と共同体に善い果実をもたらす。**一番善いのは精神の静穏、心の安寧をアッラーからもらい、**それらが自分の隅々まで満ちることを感じ、人々が恐れる時に安心を、人々が動揺するときに平静を、人々が疑念を持つときに確信を、人々が不安な時に確実さを、人々が自暴自棄になる時に希望を、そして人々が怒る時に喜びを授かることだ。

ア．イブン・アルジャウズィー

完名は、アブー・アルファラジュ・アブドル・ラフマーン・イブン・ムハンマド・アルジャウズィー（イブン・アルジャウズィー、一二〇〇年没、但し異説あり）である。彼の家系は預言者ムハンマドと同じクライシュ族であり、銅を扱う裕福な家に育った。ただ父親は彼が三歳の時に亡くなった。母親は彼の講話を聞きに行ったということであるが、何よりも叔母が教育熱心であったとされる。また当時のバグダードには有力なイスラーム学者が多数輩出していたので、勉学には不自由ない最良の環境であったといえる。

おりしも十字軍の攻撃やスンナ派ではないエジプトのファーティマ朝の台頭もあり、社会的宗教的に動乱の時代であった。また彼は、一時はシーア派の補佐役を採用したカリフに疎んぜられて、失脚する不遇の時代も過ごした。こういった公私に渉る苦難が、彼を鍛え上げることにもなったのであろう。総じて彼の思想的立場は伝統的な正統派として知られ、原典重視のハンバリー法学を広め強化した（同派の創始者イブン・ハンバルの隣に埋葬された）。スンナ派でも異端的な兆候には強く反発し、真の神秘主義は第一世代に従った人たちであったとして、後代の逸脱（ビドア）を批判した。ちなみに周知のイブン・タイミーヤ（一三二八年没）はカイロ留学中に、大小合わせて一〇〇〇冊以上のイブン・アルジャウズィーの著作を読破したとされている。

しかし一般的にはイブン・アルジャウズィーの著したのは、二〇〇〇冊とも三〇〇〇冊ともいわれ、多方面にわたる百科全書家であり、同時に広く知られたイスラーム活動家でもあった。多筆については、彼は来客があってもたとえば執筆のための紙を切るような単純作業の手は休めなかったと伝えられている。また家から出るのは、金曜礼拝に行く時か、あるいは勉強会出席のためだけだったそうだ。アッバース朝カリフらの参列の前でも説教し、声の美しさでも知られた。世界旅行をして有名な、イブン・ジュバイル（一二一七年没）もその旅行記で、バグダード訪問時にイブン・アルジャウズィーの講話を聞いたことを記している。

イブン・アルジャウズィーの随筆集である『随想の渉猟』は、現代までも広く受け入れられている。二〇世紀のエジプトの思想家で後出のアフマド・アミーンの合計一〇巻に及ぶ随筆集『溢れる随想』は、『随想の渉猟』とほぼ語呂合わせになっていることが見て取れる。またその手写本はカイロの国立図書館に収蔵されているが、幾つかの校訂本が出版されている。『随想の渉猟』は、三七三本の小話、逸話、説話などを特段の順序はないままに綴ったものであるが、ここではその中でも、信仰の真髄や直観に関するものを選択して記載する。[56]

その主な展開は次の通り。まず信仰世界に絶対の主として鎮座するアッラーに常に意識を怠らないこと、それはアッラーを求め敬愛し、至誠を尽くし、専心であるということに他ならない。アッラーを覚知する一方、その本質を極めると神学者や法学者は言うが、そのようにはアッラーは創造されなかったのであり、それは人力を超えたものである。ただし主の実在を意識させる証左・印は至るところに横溢している。それらを知る心の静穏さを得るためには権力者から遠ざかり、一人孤独でいることが一番であるとしている。実際の失敗談の体験に基づく教訓である。この意味としては、一度直観に恵まれて信仰を持てばいいのではなく、人の心は移ろいやすく、いつも目を光らせているべきものだということであろう。改めて、これも彼の指摘と見なしたい。

このようにイブン・アルジャウズィーの直観論は鮮明に打ち出されているが、以下の論説を辿ることでそのポイントが浮き彫りにされるだろう。各論説の主題は訳者水谷が設けたタイトルからも明らかだが、以下の通りである。①敬愛、②至誠、③専心、④意識、⑤覚知、⑥本質は不可知、⑦実在の印。

①神を敬愛し、神に愛されること

至高なるアッラーの信者らへの愛は、彼らのアッラーへの敬愛よりも先行した。そして彼らに対して供与されたもの（恩寵）のすばらしさについて、称えられた。また与えられたものを買われた（評価された）。そして彼らの中で遅れて来る者についても、それらの者も好かれるのでその順序は先に回された。彼らが断食するときはその行列を先導し、彼らの口の（断食から来る）臭いも好まれた。何とこれは崇高なことで、望む誰もが得られるものではない。またどのような講釈師も表現できるものではない。（六九—七〇頁）

【註】アッラーは畏れられる対象ではなく、信者にとってまずは心に意識して愛する対象なのである。本節の趣旨は、信者のアッラーに対する敬愛（マハッバ）よりも、アッラーの信者に対する慈悲（ラフマ）の方がはるかに根源的であるということにある。そして「遅れてくる者」を「先に回される」の個所は、親鸞の歎異抄でいう「善人なおもて往生をとぐ、いわんや悪人をや。」（悪人正機説）を思い起こさせる。

人のアッラーへの敬愛はアッラー自体を目指しているという純粋性のために、純愛（フッラ）という特別の用語も使用されている。また人間同士の愛情（フッブ）についていえば、アッラーが人の心を好ましいものに結びつけるという働きを天性として賦与されたことが源泉となっている。

結び付けられる対象は異性（動物的な愛欲ではない）もありうるが、共同体全体の安全や福利厚生も重視される。イスラームの倫理道徳上、利己主義ではない利他主義が強調される背景となった。死や災害も天与の配剤として、愛情の対象である。預言者伝承に言う。自分が好きなものを同胞のために好きにならなければ、その人はまだ信仰しているとは言えないと。このように愛といっても豊富な種類が説かれている。

②アッラーへの至誠

至高なるアッラーの（実在の）証明について考えを巡らせた。そしてその数は、砂塵よりも多いことに気付いた。ただし驚いたのは、人は偉大で荘厳なアッラーが喜ばれないもの（罪）を隠すということである。しかしそれは、しばらく後になってからでもアッラーが再び見える形にされる。また他の人たちはそれを見なかったとしても、彼らの舌は噂することになるものである。

多分その罪を行った人は、アッラーによって人々の前に露呈させられるかもしれないし、あるいはその罪で以前に隠したすべての罪に対して回答を得る（暴露させられる）ことになるかもしれない。そうしてその人は、罪に報いるお方がおられることを知るであろうし、また覆いや幕などは、その天命と力量によって役に立たなくなることも知り、さらに（すべては無に帰して）何の行為もしたことにならないとも知らされるのだ。

以上とは反対に、帰依する人も（善行を）隠すかも知れない。しかし人々はそれについて話しするだろうし、さらにはその人が以前に罪を犯したことを知らないかもしれない。そうなると彼の善いことばかりを覚えていることとなる。こうして主の存在を知り、善行を果たした人のことは、忘れ去られないのである。

人々は他の人を知った上で愛して、または拒否し非難し、あるいは称賛する。それは彼のアッラーとの関係において生じること次第である。アッラーはあらゆる問題に十分で、あらゆる悪を追い払われる。

したがって、僕《しもべ》が真実（アッラー）抜きで自分と人々の間を塩梅《あんばい》するならば、（判定基準が揺れ動くので）その目指すところとは逆転して、彼を称えるはずの人が再び非難するかもしれない。（七〇―七二頁）

【註】アッラーに向かって右顧左眄《うこさべん》はありえない。隠したつもりでも、そうならないということが本節で述べられる。また逆に言えば、信者が誠を尽くすためにアッラーがおられるということにもなる。そしてそれは、その人が他の誰よりも最高の至誠を尽くす相手となる。他には知られなくても、アッラーにだけは知らせるようにするということである。そうすることの基礎は、完全な信頼、すなわち信仰であり、前項でみたアッラーに対する敬愛でもある。そのようなお方と共にいることができるという、信者の強みでもある。日本の教訓である、「至誠、天に通じる」を思い起こさせる。

③アッラーに専心であること

若い頃、私は禁欲者たちのあり方に大いに心動かされて、何時も断食と礼拝に明け暮れていた。そして孤独を好んだ。心は善良となり、洞察眼は磨かれ、帰依以外に時間が経つのを悔しく思い、すべての時間をそれに当てるようにした。（アッラーへの）親密さが増し、帰依の甘美さを味わった。

ところがある権力者が私の説教を気に入ったとして近くに置こうとしたが、多少そうなってからは、以前の甘美さは消失してしまった。また別の有力者は同様に近くに呼んでくれたが、今度は、接触し、あるいは食事を共にすることは控えた。（彼の意図について）疑念も生じて来ていた。それでも状況はあまり変わりなかった。そうして（教義上）許された範囲ならいいだろうという気持ちになって、洞察に鋭さは減り、心の静穏さもなくなってしまった。

こうして彼らと接触したことで、心の光はなくなり、暗黒が訪れた。失ったものを懐かしんで、周囲の人々も不愉快に思わせて、彼らも事態を後悔し改善しようとした。私はといえば、状況に完全に対応しきれなくなった。私の（心の）病はひどくなり、治療法も分からなかった。そこで行ったのが、先達の墓を訪ねて、自分の修復を祈願することであった。そうすると私の守護者（アッラー）は、（俗事への思いを断つことへの）抵抗感にも拘らず私を孤独へと導いてくれた。そして私の心はしばしば（自分から）離れていたのが、戻ってきたのだ。そして私がどんな恥ずかしいものを好んでいたのかということを、教えてくれたのであった。私は正気を取り戻し、孤独のうちに次のように祈願の中で言っていた。

主よ、どうして私はあなたに感謝できるのでしょうか。そしてどのような舌で、あなたを称賛できるのでしょうか。私の不注意をあなたは非難せず、眠りから覚ましてくれた。そして自分の（俗欲に傾く）性分にも拘らず、あなたは私を修繕してくれた。あなたに戻ることが成果だったのだから、私は何と大きな収穫を得たことか。そしてあなたと一緒になれたことで孤独が得られたのだから、何とうまくいったことか。そしてあなたを必要としたときに、どれほど私を豊かにし、あなた以外と一緒だったのに、どれだけ優しくしてもらったことか。あなた以外に対して奉仕し、従っていた時間が惜しまれる。一晩寝続けて朝を迎えても、（夜中の礼拝をしなかったことについて）何も心を痛めるものはなかった。夜の初めにも、その日一日（イスラームでは夜が一日の初め）が（改心もなく）過ぎ去ることに、心を痛めるものはなかったのだ。私の病はそれほどであったのだ。今は元気の気風が戻り、痛みも感じるし、健康が回復したのだ。何と恩恵の偉大なことか、私に元気をお恵み下さい。

目が覚めるまではバカ騒ぎのほども分からないくらいに、酔っぱらっていたようなものだ。元へ戻せないほどに引きちぎられてしまった私は、商品（善行）を失ったことが惜しまれた。それはちょうど船乗りが北風にしばらく悩まされたが、その後睡魔に襲われて、結局目が覚めると元の木阿弥《もくあみ》になっているといった状態である。

（俗欲をはびこらせる悪魔の）企みに対する私の注意を読み解くものよ。私は実際自分を裏切ったが、私たちは兄弟に対して、腐敗含みの物事には注意しろと言いたい。悪魔は（イスラームで）許されるものをまず増やし、それから横道へそれさせて、最終地点を示す。だからそういった状況を理解するように。そこで途上には逸脱があるとしても、正しい目標を示しておこう。そのために良いのは、あなた方の祖先を見直すことである。

でも悪魔は、かれにささやいて言いました。アーダムよ。わたしはあなたに永遠の木と、衰えることのない王権を見せましょうかと。（二〇：一二〇）

アーダムは永遠という目標だけを見たので、途上で間違いを犯したのであった。ただしこれが最もよくイブリース（ジンで悪魔）が、学者を騙すために用いる方法である。よさそうな結果を思わせておいて、実際は腐敗の被害を急いでいるだけという始末である。学者に（悪魔が）言うのは、この不正の（権力者に）立ち向かえ、そして不正を正せということだが、言われた人は何とか急いでそれら禁制のものを覗きこもうとする。そうするとその信仰は低俗化する。そしてさらには、別の主を認めたり（シルク）、あるいはそうすることで、その不正者よりも不正になったりする。だから自分の信仰に信頼を持てない人は、隠された企みに用心しなければいけない。

心配なら、一番いいのは孤独である。特に良心が途絶えて、邪心がのさばるような時である。そうすれば智者には権力者への影響を消失させることができる。彼らと交わると、不法なことも混入するし、それから自分を抜け出させるのは難しくなる。学者とはいっても権力者の意向で地方に出向いたりするならば、もうそれは知識に裨益することはなく、地方警察の役人のようなものである。だから（良策は）人々からの孤立しかない。そうして混じることから来る腐敗した解釈から遠ざかるのだ。そうして一人で自分を益することは、他人を益して自分を害するよりいいことを知るべきだ。また種々の解釈の欺瞞や法勧告の腐敗には、用心の上にも用心を。そして孤独が強いること（不便さなど）に関しては、忍耐の上にも忍耐を。もしあなたがその守護者とだけいるならば、あなたの知識の扉は開かれる。あらゆる困難は簡単になり、すべての苦いものは口に甘くなるし、苦は楽になり、その目標は達成されるの

だ。アッラーはその恩寵として（信者を）成功させられる。そのお方にしか、（解決の）能力も技量もないのだ。（七二―七六頁）

【註】アッラーにしか万事解決の能力はなく、彼一人で十分であるということは繰り返される発想である。そのためには主のみと向き合うために、孤独を好むというのである。雑踏に紛れていては、雑音ばかりで心は乱れる。これは『徒然草』に言うところと酷似している。「山寺にかきこもりて、仏に仕《つこ》うまつるこそ、つれづれもなく、心の濁《にご》りも清まる心地すれ。」（同書第一七段）この心の静謐さが、イスラームでいうサキーナであり、それは信仰の前提であり、また信仰を補強するものでもある。

④アッラーを意識することで誰でも道が開けること

私は苦境に立って、いつも心痛にさいなまれていた。そこで私はあらゆる工夫と手法でこの懸念を除去しようとした。しかしそのような方途は見つけにくかった。その時、次のクルアーンの一節が思い起こされたのだ。

またアッラーを意識する人には、かれは（解決の）出口を与えるのです。（六五：二）

そこでアッラーを意識することがあらゆる苦悩からの脱出方法だということを知った。私はすぐさま、その意識を持って、脱出を試みた。

人は誰でもアッラーへの服従やその命令に従うこと以外に、依拠したり、原因追及したり、または思考することをしてはならないのだ。それに従うことは、望みを持つ人全員の勝利の原因である。

真に素晴らしいのは、どんなに知恵や深謀があっても、その人が考えも及ばないところからそのような脱出が起こりうることである。クルアーンに言う。

かれが思いつかないところから、恵みが与えられます。（六五：三）

そこでアッラーを意識する人にとっては、偉大で荘厳なアッラーで充足しているので、それ以上にその心を手段について惑わせるべきではないのだ。さらにクルアーンに言う。

アッラーに信頼を寄せる人には、かれは万全です。（六五：三）（八二―八四頁）

【註】アッラーに依拠すること、すなわち帰依することが最善、最強な解決方法であると

いうのは、信仰を裏面から語っている。他方、その依拠のために改心することが遅れてしまい、あるいは慈悲にすがるだけで結局は怠慢の原因になるのであれば、それは信仰を腐敗させるものとなる。

⑤最も貴重なものはアッラーの覚知

存在の誉れ（高い価値）を知る人は、その最良のものを知るべきである。人生は貿易の季節のようなもので、広く言うとおり、軽くて値の張るものを求めるように。そこで目覚める人は、一番最良を求めるべきだということになる。

この世で一番貴重なものは、偉大で荘厳な真実（アッラー）である。旅する人の中には、目的地にたどり着く人もいれば、利潤を達成する人もいる。また中には愛人を喜ばせるものを探すかも知れないが、その人は交渉の場を求め、それが受け入れられれば嬉しく思うだろう。彼にとってはどんな商品も、それ以上のものではないのだ。

他には自分の弱さを認めつつ、自分は（正しい）道のりを求めていることについて感謝する者もいる。また人によってはこういった状況（段階）を乗り越えて、行動を重視するのではなく、その道にあることだけが貴重と考える人もいる。

しかしそういった人たちは少数派で、彼らの位階は最高だが、一方グリフィン（黄金を守る

鳥）のように子供（後継者）は少ない。（九五―九六頁）

【註】純粋に真実の道を歩んでいる人は、そういう状態にあることだけで満足できるということである。何をして、何をしないかということは、意識以下に置かれる。アッラーの下にいることが生きることのすべてという状態は、朝から晩まで称名に明け暮れる、日本仏教でいう妙好人に相当するのであろう。何をするにも、「アッラーの名において」（ビスミッラー）を唱えて、日々過ごしているといった情景である。

⑥アッラーの本質は不可知であること

最も驚異的なことは、アッラーの本質、属性、そしてその行為に関して知り尽くそうとする人がいるということである。しかしそれは、一般論を除いてはあり得ない相談である。論理派はそれに首を突っ込んだが、何も起こらなかった。そこで理性ある人々は、撤退することとなった。（文献に縛られず）自分の見解を重視する一派も同様であるが、類推法に頼ったが多くのことが望みとは逆の方向に行ってしまった。逃げ場所としては、やはり撤退しかなかった。また同時に、反対を唱えていた事項に関しては推奨されるものとした（緩和した）。広くイスラーム法学者たちはできる限り論考するが、それが難しいとなると服従するのである。しかしそれは、奴隷の仕方に過ぎない。

一方、どうしてそのようにしたのか、あるいはこれはどういう意味か、といった質問をする人たち（神学者）は、王権者（アッラー）の秘密に迫ろうとしているのである。でもそれは全く不可能であるのには、二つ理由がある。

第一には、アッラーは、創造された人類に関しては多くの知恵を明らかにされなかったということ。第二には、人類にはアッラーのすべての知恵を認識する能力はないということ。そこで異説を述べる人たちにとっては、反論ではなく不信仰に走るより他ないということになる。

誰でも現世と来世においてアッラーが、かれ（ムハンマド）を助けないと考えるなら、その人に天へ縄をつなげさせて、（アッラーの助けを）切り離させなさい。それからその方法が、その人が怒るもの（アッラーの助け）を（ムハンマドから）追い払うことができるか（できないが、そのことを）、かれに分からせてみなさい。（二二：一五）

その意味は、誰であれ私（アッラー）のすることに喜悦しないならば、自らの首を絞めさせなさい（迷いの道を行く）、そして私は（引き続き）自ら欲するように行動するということである。（九六－九八頁）

【註】本節の背景としては、論理的神学論争を戦わせたムウタズィラ派や、クルアーンと預言者伝承以外の法源として個人的見解を大幅に認める法学派などが暗躍していた。法源を厳しく考えるハンバリー法学を奉じる著者の立場を反映しつつ、結局はアッラーに直球を投げる姿勢を堅持し強調している。クルアーンに次のようにある。「信仰する人たちよ、あなた方に明らかにされたことを、問い正してはいけません。（逆に）あなた方を悩ますかもしれません。」（五：一〇一）教義の真髄部分、特にアッラーに関しての詮索は不要であるのみならず、それは不信の種をまく恐れのあるものとして、回避するのも知恵とされる。

⑦主の実在を示す印

至高なる主よ、あなたは創造のために一度は現れて、その後姿は見えなくなった。そして一度も現れたことがないかのように、隠れたままだ。それは期間限定の登場であったが、今となっては被造物を通して分かるが、それらの被造物は全員、自分には製造者がいて知恵の法則に従って、創造主は自分を整えてくれたと話すのである。

だから人間を例にとると、一滴の液体から創り、素晴らしい形状を与え、理解と知能と覚醒と知識を授けた。人間のために地面を広げ、水や風を送り、作物を育て、その上に空を持ち上げて、日中の間、太陽という灯明をつけ、休息のために暗闇を設け、隠されることのない様々な事象を示した。

それぞれがきっちりした言葉で、創造主を立証している。至高なる創造主はこれらの活動をして姿を明らかにされたのであって、隠されるものはない。そうして世の中で貧者として使徒たちを遣わせたが、彼らの身体は弱く、それでいて強力な人々を従えてきた。そして彼らの手を通じて、人間の能力には見られない奇跡の数々を示された。これらすべては真実を指し示し、それでもって至高なるあの方は顕在されるのだ。

そこへムーサーが登場して海を分けたが、それは創造主がされたということに疑問なかった。イーサーは死者に話しかけて、彼らは復活する。また創造主は鳥たちを派遣されて、それが投げる石で地獄行きの者たちを破壊して、自分の館（カアバ殿）を守られた（クルアーン一〇五章参照）。

これらは長い話になる。すべては創造主の存在を明らかにして、至高なるお方に隠されたところはない。そして何らの疑問もなく智者たちにそれらが確かになると、次は創造主（の知恵）が秘められている多くのことが生じて来た。例えばすでに述べたように、主の敵を支持者よりも強くされることもあるのだ。

そして何らの解釈の余地もない証拠で実在が確かめられれば、姿を隠されたのには何か知られない秘密があることを知るに至る。そこで理性は知恵者に降伏することとなる。服従した人は平安になり、それに反対した人は破滅するのだ。（一〇四―一〇六頁）

【註】現世のすべての事象は創造主の実在の証拠であるが、それらに覚醒し、主を直観できるかどうかは予断を許さない。読者は、ここに大きな緊張感が走るのを覚えることができるだろうか。本項はそういった場面を頭に描いておくために記されたともいえよう。本項はまた、理性と信仰の関係という古くて新しい問題への考察にもなっている。理性の尽きた先には信仰しかないという整理もあるだろうが、理性そのものが被造物であることも、イスラームでは確かな話である。いずれにしても科学と宗教は対立したり、矛盾するものではないという捉え方である。

イ．アルガザーリー

一．イスラームの明証アルガザーリー

同時代の人たちから「イスラームの明証」と呼ばれたアルガザーリーは、その名をムハンマドといい、父も祖父もムハンマド、曾祖父はアハマドといった。彼が「イスラームの明証」と呼ばれたのは、ギリシア哲学がアラビア語に翻訳される中でムスリム世界もその影響を色濃く受けるようになった時代に、学界を左右するようになった哲学者たちを論破したことに因むという。

ヒジュラ暦四五〇年（西暦一〇五八―五九年）にホラーサーン州の都市トゥース（現在のイランのマシュハド）という当時の学問の都の郊外にあるターバラーン市ガザーラ村で生まれたアルガザーリーは、慎ましやかに暮らす敬虔な両親のもとに生まれ育ったという。幼少期の彼は、弟のアハマドと一緒に父親が遺産と共に後見役を依頼した友人のもとで初歩的な学びを始め、地元の学校で初等教育を修めた。その後は北部のゴルガーンで学び、当時の学問の都ニーシャープールへ向かい、「二聖都（訳者注：マッカとマディーナ）の指導者」ことアブドゥルマリク・ブン・アブドッラー・アルジュワイニー（西暦一〇八五年没）に師事した。

そこで彼はクルアーンを暗記し、さらなる学問の研鑽を積むことでアルジュワイニーの高

弟として頭角を現し、二八歳ほどの若さでシャーフィイー派法学や神学、哲学、論理学等、議論を含む様々な分野で一目置かれる存在となった。類稀《たぐいまれ》な才能を発揮した彼はアルジュワイニーの代講に抜擢され、学生の指導にも当たるようになったという。

アルジュワイニーの死後、アルガザーリーはセルジューク朝の宰相ニザーム・アルムルク（「王国の秩序」を意味する称号）ことハサン・ブン・アリーに会いに行く。学問と学者をこよなく愛するこの宰相の集まりで、居並ぶ大学者たちを論破したアルガザーリーに時の宰相は目を見張り、首都バグダードのニザーミーヤ学院（一〇六七年設立）教授に彼を任命した。

王都バグダードの最高学府において、三三歳の若く溌溂とした雄弁家ぶりを発揮したアルガザーリーは、瞬く間に多くの人がその教えを乞う名物教授として学界における時の人となっていった。出身地界隈のホラーサーンだけではなく、イラクのイマーム（宗教指導者）ともなっていったわけである。アルガザーリーの卓越した学識と優秀さはその講義や著作、学生への指導ぶりから広く知れ渡ることとなり、その名声は遠くモロッコまで届くほどとなったという。

学者としての名声をほしいままにし、学問指導と講義、執筆、議論、研究に明け暮れる中、アルガザーリーの人生に転機が訪れる。ニザーミーヤ学院での講義中に突如話ができなくなり、食欲もなくなってしまって医者にもわからない病的な状態に陥ってしまったのである。

さしずめ現代であれば、「うつ病」と診断されてたくさんの薬を処方されるのだろう。だがここは自らが西洋で心理学が大成されるはるか前に人間心理を詳細に描写したアルガザーリー本人の持論でもあり、イスラームの教えでもあるように、心の病は心の薬によってしか癒されることはない、と彼は一念発起してマッカ巡礼を決意する。

そうしてアルガザーリーは、ヒジュラ歴四八八年（西暦一〇九五年）の暮れに約四年間にわたって活躍したニザーミーヤ学院の教授職を離れて、バグダードを出てマッカ巡礼の旅に出たのである。

巡礼の旅から彼が戻ったのは、巡礼前にも立ち寄ったダマスカスのウマウィー・マスジド西側尖塔が立つところで、その後一〇年に渡って禁欲的な勤行生活と執筆に明け暮れることとなった。アルガザーリーとその後のムスリム世界にとって、このダマスカスでの一〇年間は大きい。彼の代表作『宗教諸学の再興』や自叙伝『迷妄からの救済者』等多くの著作がこの間に書き記されたからである。

一〇年に渡るダマスカスでの勤行・執筆生活を終えた後は、途中バグダードに立ち寄りながら、生まれ故郷イランのトゥースへ帰還した。時の宰相からの懇願と社会の要請を受けてニーシャープールでのニザーミーヤ学院教授職を一年ほど勤めた後は、故郷トゥースに戻り、そこを終《つい》の棲家《すみか》とした。自宅のそばに学徒のための学び舎《や》を用意した彼のもとには、かつてのように大勢の人が教えを乞うべく通うようになったという。アルガザーリーは各種の学問を教える中、ただその指導のみに埋没してしまうことのないよう、クルアーンの読誦から様々な善行実践の時間割に基づく日々を送ることで、寸暇を惜しんで知識の向上と善行の実践に満ちた時間を積み重ねていけるよう努めつつ余生を送ったという。

こうして彼は、故郷トゥースにおいてヒジュラ歴五〇五年（西暦一一一一年）六月一四日月曜日に五三年の生涯を閉じた(57)。

二．アルガザーリーの直観論

アルガザーリーは、直観の存在を当たり前のものとして扱いながらも、それとは別のものとの混同を戒め、直観の受け皿は心でありながら、まずは心と似て非なる魂、自我、理性をそれぞれ認識する必要があると説く。彼の代表作である『宗教諸学の再興』の四分の一を割いた「破滅に追いやるもの」の最初の書に掲げた「心の驚嘆すべきことの解説」において詳しく触れているので、伝統的なスンナ派思想の完成者とみなされるアルガザーリーの所説を、拙訳を通してご紹介しよう。なお、後半部分の〔　〕書きの小見出しは、通読しやすいように訳者が入れたものである。

＊＊＊

●カルブ、ルーフ、ナフス、アクルの意味解説とこれらの名称が意味するもの(58)

知るがよい。この章ではこれら四つの名称が使われるが、大学者たちの中でもこれらの名称を網羅し、意味や定義、対象の違いを把握する者は少ない。間違いの多くは、これらの名称が意味するところや異なる名称による共通項を知らないためである。ここでこれらの名称の意味や関連するものを解説しよう。

一．第一の文言：「カルブ（心 Qalb）」という文言

それは二通りのものの呼称とされる。

一つ目は、松かさ状の肉の塊であり、その中には空洞があり、その空洞の中には黒い血があり、それがルーフ（魂）の源泉であり鉱脈である。その形や状態は、宗教的な意味合いとは無縁のため、解説は割愛しよう。それは医者のすべきことである。このカルブは、動物にもあるのはおろか、死人にすらある。

よってこの書物の中でカルブという文言を使おうとも、それ（松かさ状の肉塊）を意図しているわけではない。それは価値のない肉片に過ぎないからである。またそれは（名称からな

る）現実世界の一部であり、人間はもちろんのこと、動物ですら見てわかるものだからである。[59]

二つ目の意味は、魂からなる主のお働きによる玄妙なものである。それは身体的なカルブともつながりがあり、この玄妙なものこそが人間の本質である。それこそが、人間において認知、認識、知覚するものであり、それこそが語りかけられ、罰せられ、咎められ、求められるものである。またそれには、ほとんどの人がその関係性の理解に惑うような身体的カルブと関係がある。その関係性は、物理的身体と付随的偶有《ぐうゆう》や、特徴付けられているものと特徴そのもの、あるいは機械と機械の使用者、または場所と居合わせるものの関係に似ている。我々が（取り扱いに）用心する意味合いは、以下の二つである。

一つは、顕示（ムカーシャファ）の知識に関わるものであるということ。我々がこの書物で扱うのは、対応（ムアーマラ）の知識だけである。[60]

二つ目は、その（カルブの）本質を究めるにはルーフ（魂）の秘密を明かす必要があるということである。それはアッラーの御使い（祝福と平安あれ）が語らなかったことであるため、他の者には語りようがない。

本書でカルブという文言を用いた場合は、「玄妙なもの」を意図している。我々が意図するのは、その特徴や状態の言及であり、その本質の実相を言及することではない。対応の知識に必要なのは、その特徴と状態を知ることであり、その本質の言及ではないからである。

二、第二の文言：ルーフ（魂 Ruuh）

これもまた我々が目的とするものと二つの意味でつながっている。

一つは、玄妙な個体である。その源泉は身体的カルブの空洞である。動脈を通して体の各部位全体に広がり、その流れは体にあり、命と触覚、視覚、聴覚、嗅覚の光の横溢はそこから体の各部位に達する。家の隅で回るランプから光が溢れ、家の隅々まで明るくなるのに似ている。

命のたとえは、壁にある光のようなものであり、ルーフのたとえはランプである。（人間の）内側にあるルーフの流れと動きは、家の隅々でランプを動かすものの動きによって動くランプの動きのようである。

医者がルーフという言葉を口にするときは、これ（ランプのような存在）を意図している。カルブの熱を発する玄妙な煙のことである。その説明はここでは扱わない。それは身体を治療する医者の目的にかかわるものだからである。一方、あらゆるものの主のおそばに運ばれるまでに心を治療しようとする宗教の医者の目的は、元々このルーフの解説とは関係ないことである。

二つ目は、人間の中にあって認識し、知覚する玄妙なものである。これこそ、カルブの二つの意味の一つとして説明したものである。これこそ、至高のアッラーが「彼らはルーフについてそなたに問うだろう。言うがよい。ルーフはわが主の命によるものと。」（一七：八五）と仰せのものであり、主にかかわりのある驚嘆すべきものである。ほとんどの知性と理解は、その本質に達することはできない。

三．第三の文言：ナフス（自我Nafs）

これもまた幾つかの意味に共通しているが、我々の目的にかかわるのは二つの意味合いである。

一つ目は、後述する人間の中の怒りと欲の力の集合的な意味である。これがタサウゥフ（心学）[61]の徒にとっての主要用途である。というのも、彼らがナフスで意図するのは、人間にある非難されるべき性質の集合的な元だからであり、「ナフスとの奮闘努力かつナフスの粉砕をしなければならない」と言う通りである。またこれは、かの人（祝福と平安あれ）のお言葉が示唆するものでもある。

そなたにとって最大の敵は、そなたのそばにある自分のナフスである。（訳注：アルイ

ラーキーがイブン・アッバースによるものとして伝承)

二つ目は、前述した玄妙なものであり、本質としての人間そのものかつ人間自身とその本質のことである。しかしながら、その状態次第で様々な形容表現をもって形容されるものでもある。よってそれ(ナフス)が命令のもとに落ち着き、欲望に遭遇することでの困惑がそれを隅に追いやれば、安堵したナフスと呼ばれる。至高のアッラーは、それに似たものをこう仰せである。

安堵したナフスよ、喜びながら満足しつつ、そなたの主へと帰るがよい。(八九:二七―三〇)

最初の意味でのナフスは悪魔の一味であってアッラーから遠ざけられているため、至高のアッラーに帰ることは考えられない。

一方、もしその落ち着きが完全なものとはならず、とはいえ欲を抱えたナフスに抗い、防御するものとなった場合は、己を非難するナフスと呼ばれる。というのもそれは、主にお仕えするうえで自分の至らなさを非難するからである。至高のアッラーは仰せであられる。

己を責めるナフスに誓って（七五：二）

もし抵抗をやめ、欲望の赴くところや悪魔の誘いに屈服して従うようになったなら、悪しきことを命じるナフスと呼ばれる。至高のアッラーは、（預言者）ユースフ（平安あれ）またはファラオの妻について（二人のうちどちらかの言葉として）知らせる中で仰せられている。

私は自分自身を無関係とはしません。ナフスは本当に悪しきことを命じるものです。（一二：五三）

つまり、悪しきことを命じるナフスとは、最初の意味でのナフスであるとも言えよう。(62)要するに、ナフスとは最初の意味では徹底的に非難されるものであり、二つ目の意味では人間のナフスとして称讃されるものである。つまり、人間の本質かつ至高のアッラーや知られ得るもの全てを認識しうる人間の本質かつ真実だということである。

四．第四の文言：アクル（理性、Aql）

これもまた、知識の書で言及した様々な意味に共通しているが、中でも我々の目的にかかわるのは二つの意味合いである。

一つは、物事の真相を認識することが意図され、心をその場所とする知識の特徴についての表現となる。

二つは、諸々の知覚対象を認識するものが意図され、それがカルブとなる。つまり、あの玄妙なものである。

知者は全て己の中に存在があることを我々は知っている。それは自立しているが、知識はそこを占めるようになった属性であり、属性はその属性で形容されるものとは違う。アクルは、時として知者の属性が意図されることもあれば、認識の場、つまり認識力として意図されることもある。それがかの人（預言者ムハンマド）が、「アッラーが創造された最初のものはアクルである」（訳注：アルイラーキーがアブー・ウマーマ・アルバーヒリーによるものとして伝承というお言葉で意図されたものであり、知識は偶有であって最初の被造物としては考えられないどころか、その場がそれよりも前に、あるいは同時に創造されなければ、それ（アクル）に対して語りかけることはできないからである。伝承には、「至高なる御方がそれ（アクル）に対して近付けと仰せになれば近づき、遠ざかれと仰せになれば遠ざかる…」（訳注：アルバイハキーがアルハサン・アルバスリーによるものとして伝承）とある通りである。

以上により、これら四つの名称には様々な意味があるのが分かったであろう。それは物質的なカルブ、物質的なルーフ、欲望的なナフス、そして理知的なアクルである。（一三～一八頁）

クルアーンとスンナでカルブが言及される際は、「人間の中で理解して物事の真実を知るもの」が意図されている。時として胸にあるカルブがそれで呼ばれることもあるのは、あの玄妙なものとカルブの身体（心臓）との間には特別な関係があるからである。たとえそれが身体全体とつながっており、身体を使役する存在であれ、カルブ（心臓）を通してつながっているのである。よってその玄妙なものの最初のつながりが心臓であり、それはその場所であり王国、世界であり乗り物のようである。（一九頁）

●直観（イルハーム）と学習（タアッルム）の違いおよび真理発見におけるスーフィーと観察者の方法の違いについて

知るがよい。必要不可欠ではない知識というものは、幾つかの状態において心で得るものであり、その習得の状態は異なる。時にはよくわからないうちに投げ込まれたかのように心を襲うものもあれば、立証と学習の方法によって得られるものもある。獲得や手段の方法ではなく得られるものをイルハーム（直観）と呼び、立証によって得られるものをイウティバール（思考）やイスティブサール（洞察力）と呼ぶ。それから実際にしもべたる人間の努力や学習、手段なしに起こるものは、二通りに分類される。

①人間にはどのようにそれを得たのか、どこから得たのかがわからないもの

②その知識を得たきっかけがわかるもの。それは心に投げ込む天使の目撃である。最初のものを直観かつ心への吹き込みと呼び、次を啓示と呼ぶが、（啓示は）預言者たちに限定されるものである。最初のものはアウリヤーゥ（近しい者たち）やアスフィヤーゥ（澄んだ者たち）に特化したものであり、立証法で得られるその前のものはウラマーゥ（知る者たち、学者）に特化したものである。（六七頁）

一．〔真理の碑版の鏡から、心の鏡への真知顕現〕

本当のところは、心には全ての事柄において真理の真相が明らかにされる用意が出来ているということである。心と真理を遮るものには、前述した五つの原因がある。それはまるで心の鏡とアッラーが審判の日に至るまでに定められた全てのものが掘り記されているという、

守護された碑版とを阻む、吊り下げられた障壁のようである。碑版の鏡から心の鏡へと知識の真理が顕現されるのは、鏡に映る姿が反対側の鏡に映し出されるのに似ている。二つの鏡の間にある障壁は時として手で取り除かれることもあるが、時には強い風によって動かされることもある。同様に、神のお優しさの風が吹くことで、心眼の障壁が取り除かれ、守護された碑版に記されていることの一部が明らかにされることもあるのである。

それは時として睡眠中に起こり、未来に起こることを知ることもある。障壁が完全に取り払われるのは死によってであり、それによって覆いは取り除かれることになる。また、目を覚ましている間にも覆いが取り除かれることもあり、至高のアッラーからの微かなお働きにより障壁が持ち上げられ、知識は知識でも摩訶不思議な知識の一部が幽玄界の隠匿の裏から心の中で輝くのである。時には素早い稲妻のように、時にはある程度まで連続しているが、その継続は極めて珍しい。イルハーム（直観）は知識そのものやその場所、その手段において違いはないが、障壁解消の方向が違うのである。というのもそれは、人間の選択によるものではないからである。また、ワヒー（啓示）も直観とは変わらないが、知識をもたらす天使の目撃において異なる。というのも、知識というのは天使たちの仲介によって我々の心で得られるからである。それについては、至高なる御方の御言葉による示唆がある。

人間にアッラーが語り掛けることはなく、ただ啓示としてのみ、あるいは障壁の後ろから、あるいは使徒の派遣をもってなされるだけであり、お望みのことをお許しと共に啓示するのである。（四二：五一）

これがわかったなら、タサウゥフの民が学習による獲得智ではなく直観智に傾いていることを知るがよい。そのため彼らは学問の勉強や執筆者たちが執筆してきたものを得ようとすること、言説や典拠の探求にこだわろうとせず、「その道は努力を果たし、非難される性質を消し去り、執着全てを断ち切り、志の本質を持って至高のアッラーに歩み寄ることである」と言うのである。何が起ころうとも、アッラーこそがその僕たる人間の心を司り、知識の光明による照明を請け負う御方である。よって、アッラーが心のことを統制されれば、心には慈悲が溢れ、光が差し込み、胸がすくようになり、世界の秘密が明らかにされ、お慈悲の優しさによって威厳の障壁が心の表面から追い払われ、神による万事の真相が煌めくのである。（六八～六九頁）

二．〔直観智獲得に必要なこと〕

人間にとっては、不純物を取り除く純化の準備や誠実な意志を伴う志の調達、完全なる渇望、至高のアッラーがそのお慈悲によって開けてくださるのを待ち続ける観測が必要なだけである。預言者や（神の）近親者は様々なものが明らかにされ、光がその心から溢れるようになったが、それは学習や勉強、本を書くことを通してではない。この世での抑制、執着からの解放、多忙の要因から心を空にすること、志の本質を持って至高のアッラーに歩み寄ることを通してなされたのである。よって、アッラーのためにあろうとする者には、アッラーがその者のためにあらせられるのである。

彼らはその道がまずは完全にこの世の執着を断ち切り、心をこの世から空にし、家族や財産、子供や祖国、知識や権力、名誉への関心を断ち切ることにあると思い込んだ。それどころか、全てのものがあろうとなかろうと等しく感じられる状態になり、場所の隅に一人だけ居座り、義務の礼拝やスンナの礼拝だけを果たしつつ、心を空しくして座りながら神経を集中させ、クルアーン読誦やクルアーン注釈についての熟考、ハディースその他の書き出しが思考を分散させてしまうことはなく、至高のアッラーの唱念以外には何一つ思いつかないように懸命な努力を費やし、一人きりの坐業に入ってからは常に「アッラー、アッラー、アッラー」と心を込めて唱え続けるのである。それは口を動かすのをやめてもその言葉が舌の上を流れ続けるかの様子が見えるまで続け、舌からその影響が消されるまでその状態で耐え続け、心は唱念を継続させながら、そうして心からその文言や文字、言葉の形のイメージが消されるまで続け、その言葉の意味だけが心に残り、そこにしかと存在し、付随して離れないかのようである。その人にはこの状態に至るまでの選択があり、囁きの邪念を押しのけることでその状態が続くような選択もあるが、至高のアッラーのお慈悲をもたらす選択はない。むしろ彼は自分がしたことでアッラーのお慈悲の芳香を受けられるようになり、この道によって預言者や近親者にそうされたようにアッラーがお慈悲の扉を開いてくださるのを待つしかなくなるのである。そこでその者の意志が純粋なものであり、関心が澄んだものとなり、継続が達成され、我欲に引かれることなく、この世への執着から心の声が忙《せわ》しなくさせることがなかったなら、真理の輝きが心に輝き、最初は素早い稲妻のようにそこに定まることなく再び訪れ、遅れることもあるがもしまた戻れば定まるかもしれない。途切れ途切れとなることもあるが、もし定まればその定着は長引くかもしれないし、長引かないかもしれない。似た者たちが連続して生じたことを見せびらかすこともあるかもしれない。一つの分野だけに留まることもあるかもしれない。至高のアッラーの近親者の停留所は、数えきれぬほどある。彼らの容姿や性格の違いが、数えきれないようにである。

この道は自分の抱えるものを浄化し、純化して明確化し、それから準備と待機だけへと戻ったわけである。(六九～七一頁)

三．〔理性を重視する人の道〕

一方、観察者や思考の徒は、この道やその可能性、稀にではあってもそれが目的へと導きうることを否定はせず、それが預言者や近親者のほとんどの状態であるとはしながらも、この道は険しく、その実りには時間がかかり、条件を揃え難いものとした。そこまでの様々な関係や執着を消し去るのはほぼ実現不可能であると思い込み、たとえある状態が得られたとしても、ほんの少しの囁きや思い付きが心を乱すのだから、それが定着することはさらに起こり難いとした。

アッラーの御使い（祝福と平安あれ）は言っておられる。

信徒の心は、沸騰したやかんよりも激しく揺れ動くものである。（訳注：アハマドやアッタバラーニーらがアルミクダード・ブン・アルアスワドによるハディースとして伝承）（七一頁）

また、そうした努力の最中にも、気分を損なうことで理性が混ざり、身体が病気になることもある。よってもし諸学の真理に通じた自我（ナフス）の調教かつ訓練が進められていなければ、自我が長い間安堵してしまい、人生において成功する前に、寿命が尽きるまで間違った空想が心に巣食うようになるだろう。

どれほど多くのスーフィーがこの道を歩みつつ、二〇年もの間一つの空想の中にあり続けただろうか。

ただろうか。その前に学問を一つ修めていたなら、すぐにその空想のおかしなところに気付いただろうに…。よって学習の道に従事するほうが、目的達成にはより信頼でき、近いのである。

もし人がフィクフ（法学・行為規範学）を学ぼうとせず、預言者（祝福と平安あれ）もそれを学ぶことはなかったが、反復練習や注解なしに直観と啓示によってファキーフ（法学的知識に精通した人）になったと思い込み、「私も訓練と継続でそれに到達できるかもしれない」と言ったとしたら、そのように思う人は自らに不義をなし、生涯を無駄にしたのである。むしろそれは、獲得や耕作の道を捨てつつ財宝を得ようと願う人のようである。可能ではあるが、まずあり得ない。これも同じである。

だから彼ら観察者や思考の徒は言うのである。

まずは学者たちが得たものを得て、彼らの言説を理解しなければならない。その後でなら、全ての学者に明らかにされたわけではないものを待つのも悪くはない。その後の努力によって明らかになるかもしれないからである。（七一～七三頁）

＊＊＊

以上に見た通り、アルガザーリーは「直観ありき」で論述を進めている。ただしその直観は魂（ルーフ）や自我（ナフス）、理性（アクル）が微妙な相違と合一をもって重なり合う心（カルブ）に生じるものであることから、直観の真贋と正邪を見極める学びと惑いの元凶である悪しき自我の調教・純化が肝要であるとしている。直観が全てではない…これはイスラームにおける直観の何たるかを理解する上で、欠かせない要点であると言えよう。

ウ．イブン・タイミーヤ

一、イスラームの再生者イブン・タイミーヤ

イブン・タイミーヤ（Taqi al-Din Ahmad ibn Taymiya：一二五八〜一三二六）は、一三世紀後半から一四世紀初頭にかけて、マムルーク朝期のシリア及びエジプト地域で活動した著名なイスラーム法学者である。彼は、ハッラーンで生まれ、ダマスカスで名をなし、ハンバル法学派における重要な思想家として広く認知され、その派の教義と理念を展開・深化させる上で中心的な役割を果たした。

イブン・タイミーヤの時代には、カリフ制は弱体化し、イスラーム世界の統一は不安定となっていた。これは、モンゴル帝国の侵入による影響が大きい。この時代には、イスラーム文明が衰退を迎え、新たな展開は見られなくなった。特に、イスラーム法学では、新しい独自の解釈ではなく、先人の見解を模倣する「タクリード」が主流となった。一方、信仰の面では、イスラーム神秘主義（スーフィズム）が一二世紀から発展し、一三世紀にはさらに進展した。これに伴い、民衆の間にスーフィー教団「タリーカ」が形成された。しかし、この中に土着の信仰が取り入れられ、イスラームの正統な信仰からの逸脱、「ビドア」が現れ始めた。イブン・タイミーヤはこのような当時のイスラーム社会の堕落した状況に対して、クル

アーンと預言者の教えに戻ることを提唱し続けたが、それに対して時の権力者たちと結びついた神秘主義者たちやシーア派たちなどの反発によって、イブン・タイミーヤは捕えられ、投獄されることが度重なり、ついには獄中で病死する結果となった。

イブン・タイミーヤについて語るときに、思い起こすのは「アッラーは毎世紀の初めにこの共同体に対して共同体のために共同体の宗教を再生する者を遣わす。」というハディース(63)（預言者伝承）である。このハディースの真意は預言者の没後、イスラーム社会で混乱、腐敗が始まることを示唆していることであり、その乱れた社会を再生する者が必ず現れるということである。

神が遣わすイスラームの再生者として、後世のイスラーム学者たちは各時代に活躍した人物たちをあげているが、その中の一人がイブン・タイミーヤである。要するに、彼は神の宗教を刷新するために遣わされた再生者として、イスラームとそのあらゆる側面における神の支配を確立するために生涯を捧げた人物である。

イブン・タイミーヤの没後、腐敗した社会をクルアーンとスンナ（預言者の言行・教え）の基本に戻すべくイスラーム的純化思想は彼の弟子であるイブン・カイイム・アルジャウズィーヤ（一二九二～一三五〇）などによって受け継がれ、一八世紀になってアラビア半島に現れたムハンマド・イブン・アブドルワッハーブ（一七〇三～九二）に強い影響を与えることになる。

イブン・タイミーヤの著した書籍は膨大であり、彼の弟子であるイブン・カイイム・アルジャウズィーヤがその著作をまとめて「シャイク・アルイスラーム・イブン・タイミーヤの著作名」一覧を著わしてる。[64] そこには、タフスィール関係九二点、神学関係二〇点、宗教的原則・ファトワー関係一四三点、法学関係五五点、遺訓関係三点、免許状関係四点、その他二二点があげられている。合計三三九点である。その多くが『ファトワー全集』（三七巻）に記載されている。当論考で参照した書籍をあげると、『信仰の書』、『心の病とその治療』、『理性と伝承の対立解消』、『大論文集』、『ファトワー全集』などである。

二、イブン・タイミーヤにおける内面的思索

直観を考えるにあたり、まず人間の天性や信仰などについて、イブン・タイミーヤがどのようにとらえていたかを確認する。

ア．フィトラ（天性）

イブン・タイミーヤのフィトラに関する考えはこうである。

人間はすべて、生まれながらの自然のままだとイスラームなのである。もしこの自然が、

家族や社会の間違った信仰で腐敗しなければ、イスラームの真実を見て、それを受け入れるはずである。預言者伝承に「およそ子供は全てフィトラによらないで生れてくる者はいない。しかし両親が子供をユダヤ教徒にしたり、キリスト教徒にしたり、多神教徒にしてしまうのである」[65]とある。

神は人間を創られるに当たって、天性を賦与された。これは基本的な性格であるが、天性は生後の誤った信条や慣習で腐敗されていない本来の性格なのだ。それはイスラームの本当の考え方を受け入れる用意がある。イスラームというのは、アッラーのみに帰依するということ以外の何ものでもない。それが、「アッラー以外に神はなし」という言葉の意味である。[66]ゆえに、イスラームの信仰、価値観、生活と社会の原則は、このフィトラに根ざしている。イスラームはフィトラの宗教であり、イスラーム全体の目的は、フィトラに沿った人間の完成であり、理性もフィトラの一部である。[67]

イブン・タイミーヤは理性についてこう述べている。

知識を得るためには理性が前提となり、それは美徳や良い生活の前提でもある。それを以て、我々は知識や美徳を得るが、それだけでは十分ではない。それは魂の能力、目における視力のような力である。それは信仰やクルアーンから光を受け取る時だけ動く。目は、太陽や火から光を受け取る時だけ見ることができる。[68]

非常に興味深い表現である。理性は重要な道具であり、それによって知識や美徳を得ることはできるが、宇宙のすべての真理や霊的な経験を理解するには不十分であり、信仰や宗教の教え、つまりクルアーンや預言者からの教えが必要であることを主張しており、理性と霊性や宗教の教えとの間のバランスの重要性を説いている。

イ．崇拝行為について

クルアーンとスンナは、人間が神の僕《しもべ》であり、人間の創造の目的は神に仕えることであると明確に伝えている。神に仕えること、つまり神を崇拝し、神の命令に従うことによって、人間の幸福がある。神の宗教のために奉仕することで、人間は生命の目的を達成することになる。これはイスラームの理念であるが、その上でのイブン・タイミーヤの見解は次のごとく明解そのものである。

神に仕える行為、崇拝行為（イバーダ）は生活全般に関わってくることである。特定の儀式に限定されることなく、人のすべての行為を包括する。神が愛し、認めるあらゆる行為や言葉、心の中のことであれ、身体の行為であれ、それはイバーダである。これには、礼拝、ザカート（喜捨）、斎戒、巡礼はもとより、真実を語ること、信頼を果たすこと、親や親戚に善行をすること、約束を守ること、善行を勧め、悪を禁止すること、ジハード（神のための奮闘努力)、隣人・孤児・貧しい人々・旅行者・奴隷そして動物に対する良い行動、祈りや願い、神を思い出し、クルアーンを読むことなどが含まれる。そして、神と預言者を愛し、神を畏れ、悔い改めて神に向かって、逆境での忍耐と繁栄での感謝、神の定めに自身を委ね、神の助けを信頼し、神の慈悲を期待し、罰を恐れることなど、すべては神へのイバーダなのである。(69)

また、人間が神に最もよく仕える方法、または神の完全な僕《しもべ》となる方法も、クルアーンとスンナから学ぶ必要がある。預言者は神への道を教えるために遣わされ、自己を浄化し、美徳と信仰心を育て、神の喜びと近さを求めるために遣わされた。その道を預言者は完全に説明し、彼の教友たちは、その道を辿ることで、彼らの生命の目的、彼らの究極の幸福に達したのである。(70)

イブン・タイミーヤは、預言者の行動からすべての主要な要素を人々が倣うべきとして人生を通して示してきた。

ウ．信仰と善行

イブン・タイミーヤは、イーマーン（信仰）、イスラーム、イフサーン（善行三昧・極信）の関係について、ハワーリジュ派（イスラーム初期に政治的理由で興った神学派）など多くの人々の間で議論が行われているが、その理解はクルアーンとスンナによる理解に頼るべきであると言う。

そして、その三者の内容については、預言者とジブリールの対話が伝えられているハディースに依っているが、預言者が宗教を三段階に分けていることを示す。最高のものがイフサーンであり、次にイーマーン、最後にイスラームとしている。つまり、すべてのムフスィン（極信者）はムウミン（篤信者）であり、すべてのムウミンはムスリム（信徒）である。しかし、すべてのムウミンはムフスィンではない。またすべてのムスリムはムウミンでもない。[71]

そこで、イーマーンと善行についてイブン・タイミーヤの説明を見てみる。

イーマーンという語は、時には単独で、時にはイスラームや善行といった他の語と一緒に使用される。イーマーンがイスラームと共に言及されるとき、イスラームは外見上の行動を指し、シャハーダ（信仰告白）、礼拝、ザカート、斎戒、巡礼である。イーマーンは心の中にあるものを表し、神への信仰、そして天使、啓典、預言者、最後の日、定命への信仰である。次のハディース「イスラームは外見に現れたものであり、イーマーンは心の中にあるもの」が伝えている通りである。

一方、イーマーンが単独で言及されるときは、イスラームと善行がその意味に含まれる。明確な例は、「イーマーンには七〇以上、もしくは、六〇以上の部分がある。その最善なるものは、アッラーの外に神はないと証言することであり、最も小なるものとは道路から邪魔になるものを片付ける行為である。羞恥も信仰の一部である」と述べているハディースである。また、特定の美徳の行為がイーマーンの一部として言及されているハディースも多々ある。[72]つまり、信仰は信徒の行動、選択、努力に対する動機付けの源であり、それによって信仰の真実性が示される。このため、宗教的な行動や義務が欠けていると、信仰そのものが疑問視されることがある。従って、行動は信仰の内面的状態の反映であり、現れでもある。[73]

三、イブン・タイミーヤにおける直観の在り方

ア．直観とは

ここにアラブの研究者が表現する「直観」について一例を挙げてみると、それは「特定の前兆や明確な記憶、経験を伴わない、際立って輝く瞬時に湧き上がるマアリファ（心で得る知識：心智）である」と、アブドゥルラフマーン・アルナフラーウィーの著作「イブン・タイミーヤ」[74]で定義されている。

この意味において、直観は真理を探究する者にとって、マアリファを得る手段の一つとされる。特に、神秘主義者は「直観」をマアリファを得るための唯一の手段と位置づけ、彼らは厳格な神秘主義の修行を通じて、彼らが目指すレベルのマアリファに到達し、この世でも

来世でも幸せを得ることを目的としている。

イブン・タイミーヤが登場し、直観をその本来あるべき姿に戻す必要があると主張し、それはクルアーンとスンナに基づく方法によって確立されるべきであると強調した。直観がマアリファを得る一つの手段であり、それがクルアーンとスンナに基づく信仰と行動の結果であることを示した。これは、人間の究極の目的ではなく、神秘主義者の特別な修行、例えば隠遁や個人的な特別なズィクル（唱念）などを必要としないと彼は説明している。(75)

イ．直観は「導き」

イブン・タイミーヤは、クルアーン、スンナ、および教友たちの生涯を通じて、直観の存在とその重要性を明らかにしている。

彼はこう述べている。

導きは、従順な信徒たちに対して直観で顕わされる。神が彼らに対して悔い改めと導きを望んだため、彼らは導かれたのである。もし神が彼らにこれを望まなければ、彼らは導かれなかったであろう。彼らは次の一節を繰り返すのみである。『私たちはこの幸福に導かれた。神に感謝せよ。もし神の導きがなかったならば、私たちは決して正しく導

かれなかっただろう。主の使徒たちは確かに真理を伝えた。』（七：四三）(76)

短い一文ではあるが、イスラームにおける信仰と直観の相互作用について深い洞察を提供しており、それが個人の感性や信仰にどのように影響を及ぼすかを理解させるものとなっている。まずはすべてが神の意志であることが確認されている。そして、そこには、「従順な人たち」とあり、その意図は心身ともにイバーダで生活している人のことであると推察される。そこでは常に神に加護と導きを求める意識が意識的であろうが、無意識的であろうが、働いている。その結果、神からの導きが直観として顕われるのだと理解される。

ウ．直観を受け止める「内なる声」

イブン・タイミーヤは、次のハディースとその解釈を用いて内なる声の存在を明示している。

預言者は「正しい道の始めで呼びかけするものはアッラーの書であり、そして正しい道の上で呼びかけするものはすべての信徒の心にあるアッラーのワーイズ（訓戒するもの）である。」と語っており、その解釈として、イブン・タイミーヤはこう言っている。

すべての信徒の心には、タルギーブ（奨励）(77)とタルヒーブ（警告）(78)を以て信徒に命じ禁止するワーイズ（訓戒者：内なる声）[79]が存在する。この理解はクルアーンの一節「光の上に光」（二四：三五）について、イスラームの初期世代（サラフ）が行った解釈と一致する。彼らは次のように述べている。「これは信徒が、たとえ経験によって聞くことがなかったとしても、叡智をもって語るものである。もし経験によってそれを聞くことがあるならば、それは光の上の光である。信徒の心にある信仰の光がクルアーンの光と一致し、理性の判断基準が啓示されたクルアーンと一致するのである。」[80]

イブン・タイミーヤは、信徒の心がクルアーンの教えや導きが調和して動くと主張している。信徒の心に存在する「内なる声」が、善行を奨励し、悪行を避けるように導くものであり、これがクルアーンの教えと一致していると考え、さらに彼はこの内なる声が信仰の光であるとし、クルアーンの教えと相互に強化し合うと見ている。これが「光の上に光」という節の解釈と一致していることを指摘して、信仰と叡智が相互に関連し、調和しているとの解釈を示した。このように、直観を受け止める素地となる信徒の心にある「内なる声」の存在を明らかにした。

エ．直観の在り方

イブン・タイミーヤは直観が心に感じられる時の状況について述べている。

もし心が何かをより確実で正確であると感じ、かつ心がそれに傾く場合、それは直観であると言える。これはカシュフ（顕示）とも呼ばれ、通常は何らかの根拠（情報や感覚、経験など）に基づいて生じる。これは信徒の心に感じられることがあるが、表現することは困難である。これは法源論のイスティフサーン（選好）[81]の概念が解釈される文脈で理解されるべきである。[82]つまり、特定の情報や証拠に基づかず、心が何かを感じ取る直観を法学者が明確な証拠に基づかない独自の判断を下す際の感覚に近いものだと言っている。

イブン・タイミーヤは、預言者の教友の中から、感受性が強く、感性が豊かで、真理を見極めることができる人物として、ウマル・イブン・アルハッターブ（ムハンマドの教友で側近の一人。第二代正統カリフ：在位六三四～四四）をあげている。

ここにハディース「あなたがた以前の時代の人々の中には、直観を授かった者たちがいた。もし私のウンマ（信仰共同体）の中にそのような人がいるとすれば、それはウマル・イブン・アルハッタ－ブである」をその根拠として示している。[83]また、別のハディース「信徒の洞察に注意を払え。彼は神の光によって見るからである」[84]を示し、さらにクルアーンの一節「これらには、洞察を持つ人々のための兆候が含まれている」（一五：七五）を引用して、これらを通じて、イブン・タイミーヤは感受性、直観、および神の光を通じて人間には真理を認識する能力があることを明らかにしている。

ウ．イブン・タイミーヤ

オ．直観を得る方法

イブン・タイミーヤは直観の存在を認識し、それがマアリファを獲得する一つの手法であることを明らかにした上で、直観を得るための手法について解説している。

彼は信徒が神の許可を得て直観を受けることができると語る。

僕《しもべ》が自らの知性を用い、知識に基づいて行動し、誠実で、良心が純粋である場合、また、理解が知性の洞察によって際立ち、精神の鋭さ、魂の敏感さ、心の明晰さによって考える場合、彼は確信を深め、疑念を払拭し、預言者の教えに従って感覚を制御する。自らの思考や感情に注意を払い、これらを見守り、言葉や行動において偽りを避け、真実と誠実さを深く受け入れ、偽善や虚栄心を捨て去り、神に対する渇望と必要性を表明し、自らの肉体的な力や個人的な能力に高慢になることなく、これらに対して謙虚であるか、または依存しない態度を持つことを示し、奉仕に専念し、礼節を重んじ、境界を守り、従順であることを実践し、新たなもの（ビドア）を創造することを避けるならば、彼のマアリファは増加し、洞察力が鋭くなり、目に見えないものが明らかになり、彼は感謝に満ちた心で神から知識を授かる者の一員となる。(85)

これは、クルアーンとスンナの教えに従い、日常生活を送る中で、アッラーからの導きとして直観が与えられるという、素朴な理解である。

ウ．イブン・タイミーヤ

カ．神からの直観と悪魔の誘い

イブン・タイミーヤは、信仰深い者に神によって授けられる直観と、不信者や罪人に対して悪魔が与える欲望や誘惑とを明確に区別している。この区別の基準となるのは、クルアーンと預言者のスンナである。

彼はこう述べている。

預言者に背く者は、疑いに囚われ、自らの欲望に従う。彼らは推測や自分の欲望に従っており、何ら真実の根拠を持たない。彼の言葉が真実であると信じ、それを支持する証拠を持っている場合であっても、自らの言葉は真理とはならない。なぜなら、彼は誤った推論に基づいているか、偽りの情報に依存しているか、悪魔が投げかけたものを神からの言葉と信じているからである。(86)

彼はさらに伝える。

自分に示されたメッセージや超自然的な光や存在に従って行動する者であっても、それをクルアーンやスンナと照らし合わせない者は、ただ根拠のない推測に従っているに過ぎない。これは真理にとって何の助けにもならない。直観を授かった者の中で、ウマルほどに優れている者はいない。ウマルは多くの点で神の意志に従っていたが、それでも彼は預言者の教えに固執しており、預言者に示されるまで自分に示されたものを受け入れなかった。もし彼に自分の理解に反する何かが示された場合、彼はスンナに立ち返った。そして、アブー・バクル（初代正統カリフ：在位六三二～三四）がウマルに彼自身が知らないことを教えたならば、ウマルはアブー・バクルの説明、指導、教えに従って行動した。(87)

イブン・タイミーヤのこれらの言葉は、真の直観と偽りの誘惑を見極める際に、クルアーンとスンナを根本的な基準とする重要性を強調している。これは、信仰と宗教的行動が、単なる個人的な感覚や解釈に基づくものではなく、クルアーンや預言者の教えに基づいて堅実に行われるべきであるという考えである。これによって、信徒個人が誤った判断や誘惑に惑わされることなく、真の信仰に従って生きる道を模索する手助けとなる。ウマルの例は、どれほど優れた直観を持っていても、預言者の教えと一致していることを確認する重要性を示しており、これは信仰における謙虚さと真摯さの表れであると言える。

四、最後に―直観を受けるための内面的健全性

直観を受けるためには、内面的な健全性が求められることが分かってきた。そこで、イブン・タイミーヤが著した「心の病とその治療」[88]を基にして、内面性の問題について見ていくことにする。

まず、心の病とは、人間の精神的、情緒的、または道徳的な健康が損なわれる状態を指すとしている。例えば、真実を見ることができなくなったり、誤った物事を好んだりする状態がこれに当たる。また、病気が重くなるか軽くなるかはその原因によると説明しており、心の病もまた同様に、それを引き起こす要因や、それを治す方法によって良くなったり悪くなったりする。

さらに、疑念や無知、怒りなどの感情が心の病を引き起こす一方で、知識や確信を得ることで心が癒され、病状が改善すると説明している。これは、心の健康状態が物理的な健康とは異なり、道徳や精神的な理解によって大きく左右されるというイスラームの視点を示して

いる。

そこで、イブン・タイミーヤはクルアーンが心の病に対する治療法であると語る。

クルアーンには心の中にあるものすべてを治す治療法がある。心に疑念や欲望の病を抱えている人々には、クルアーンが真実と偽りを明確に区別する手掛かりを提供し、それによって知識や認識を歪める疑念の病を取り除く。心を歪ませる病を取り除き、心を修復することにより、心は自然の状態、つまり神が人間を創造したときの状態に戻る。そして、心は信仰とクルアーンから栄養を得て、それが心を浄化し、強くする。それは体が栄養を得て成長し、強くなるのと同じである。心の浄化は体の成長と同じである。(89)

イブン・タイミーヤは宗教的な観点からの心の浄化と成長について、「ザカート」と「サダカ（施し）」の役割について述べている。

言葉の原義として、ザカートは浄化や成長、増加を意味する。「物事がザカート（成長・浄化）する」とは、その物事が成長することを指す。心は育てられ、成長し、完成し、改善される必要がある。これは身体が栄養豊富な食物で育てられるのと同じである。しかし、それには有害なものを避けることも必要である。身体は必要なものを与えられ、有害なものを避けることで成長する。同様に、心も有益なものを取り入れ、有害なものを排除することでザカート（成長・浄化）し、完全な善行を達成する。これは作物が成長するための方法と同じである。

「サダカ」は、罪を消す力があると考えられている。水が火を消すのと同じように、心もサダカによってザカート（成長・浄化）する。これは心が罪から浄化されることを意味している。また、罪や不道徳な行動を避けることも、心がザカート（成長・浄化）する手段の一つである。罪は体における有害な物や、作物における害虫と同じで、これらが取り除かれると、自然な力が解放され、体や心が成長する。心が罪から改心すると、それは不純物から解放されることを意味し、これは善行と悪行が混ざり合った状態からの解放を意味する。罪から改心すると、心の力と善行への意志が解放され、心は邪悪な事象から解放される。その結果、心はザカート（成長・浄化）し、完全な姿になる。

重要なクルアーンの一節「もし神の恵みと慈悲があなたたちになければ、誰一人として成長することはなかったでしょう」（二四：二一）がある。それはザカート（成長・浄化）が最終的には神の恵みによるものであることを示している。(90)

これらの教えは、人間が心を浄化し、善行を増やすためには、罪から改心し、善行を行い、神の恵みを受け入れることが必要であるという、イスラームの基本的な信念を反映している。

まとめとして、イブン・タイミーヤは、個人が神に対して忠誠を持ち続け、日々の祈りを行い、罪の赦しを求め、神を唱念する言葉を唱えることによって、心の健康を維持し、信仰を強化することができると言い、また、忍耐の価値についても強調しており、それは信仰の一部であり、神からの祝福と成功への鍵としている(91)。

心の健全な姿は直観を得る基本である。

エ．アルジャウズィーヤ

イブン・カイイム・アルジャウズィーヤ（一三五〇年没）はイスラーム法学・神学者で、原典主義で知られるイブン・タイミーヤの一番弟子としてもよく知られている。ダマスカスのイスラーム学者の家に生まれ、完名はシャムス・アッディーン・アブー・アブドッラー・ムハンマド・ブン・アビー・バクル・ブン・アイユーブ・ブン・サアド・ブン・ハリーズ・アッズルイー（ズルウは出身の村名）。通称がイブン・カイイム・アルジャウズィーヤである。

彼が礼拝に余りに長い時間を掛けるので、それを批判する人たちも出たほどであったが、彼は一向に意に介せず自己流を貫き通したとされる。早朝の礼拝を終えるころには、既に日も高く上っていた。また幾度もマッカへ巡礼し、カアバ殿の回りでの周礼（タワーフ）も何回も行ったので、土地の人も驚いたと、歴史家イブン・カスィール（一三七三年没）は記述している。

イスラームの浄化を進めようとして、パレスチナの地で預言者イブラーヒームなどの墓参停止を説き、自らは預言者ムハンマドの墓参も辞退して、師匠同様、幾度もダマスカスで投獄されたり、ラクダやロバに乗せられて市中引き回しにあったりした。イブン・タイミーヤの死去後釈放されたが、その後も師匠の法勧告を巡って彼は官憲に追われる羽目となった。

そして彼がダマスカスで亡くなると、その中心にあるアルマスジド・アルウマウィーでの葬儀には、高官も含めて裁判官、名士、信者など多数の参列者が集まったという。
彼の著作は一〇〇作品近くに上るが、祖法重視の現代のサラフィー主義者に思想的基盤を提供しており、そのほとんどすべては校訂・出版されて広く流布するに及んでいる。
扱った分野は広範に及ぶが、主な著書としては次の通り。
『クルアーン解説』、『シャリーアに則る政治の賢明な道』、『業火の民を統べる真っすぐな途』、『治癒する薬について尋ねる人への十分な回答』、『礼拝を遠ざける人の裁き』、『万有の主における主要な署名者たち』(法源論でイジュティハードを強調)、『僕の幸へ導く来世の糧』(預言者伝)、『アッラーの美称』、『数人の忍耐する者と多数の感謝する者』、『服従する者と助けを求める者の間の段階における修行者の階梯』(スーフィズム解説)、『霊魂』、『イブリースの虚偽』、『善言の豪雨』、『功徳の功徳』、『喜びの国への魂の導き』(天国論)など。[92]
なお以下のアルジャウズィーヤの論考は、彼の膨大な全著作を渉猟し、体系的に整理した『イブン・カイイム・アルジャウズィーヤの貴重な(カイイムという語呂合わせの遊び)収集』(全二巻)の第一巻より関連部分を抜粋したものである。各タイトルは、筆者水谷が通読の便宜のために記したものである。[93]
それらを通じて、かれの思考の枠組みは明確である。イスラーム信仰の根幹は、単一なるアッラーへの完璧な帰依にあることは大前提であるが、その域に達するには心の浄化と集中が必要で、それは睡眠のとり方や食物内容を含めて、生活全体から出てくるものであることが強調されている。これがアルジャウズィーヤ流の直観論ということになる。[94] また理性優先の高慢な法学者、神学者や過激な神秘主義者と禁欲主義者、そして抑圧的な権力者や支配者らは、信仰の途から外れていると糾弾している。これらは、前述のイブン・アルジャウズィーとほぼ異口同音と言えそうだ。

①心の服従の重要性

信者の心には、見える服従と見えない服従が必要だ。心と舌と体に服従がある。起床の時は、内面の真の服従はなしに、外面だけの服従で、それでは主に近づくこともない。報奨もなければ、その結果を受け取ることもない。そこでは、ただ心は試されるだけである。

心の働きというのは、服従の魂であり、その主体である。だから（心と）身体の働きがないと、それは魂を欠いた遺体のようなものと言える。意思というのは心の働きによるもので、心は各部位の王者であり、命令と禁則の目的である。それなのにその義務を忘れて、その従者や兵卒や家来たちの義務と考えられるのか。そういうものたちの義務は王者のためであり、その王者の正義のためのものである。そうでなければ、課題と真実の主軸の逆を行くことになる。

内面と外面の行為のすべての目的は、心の正しさであり、その完璧さ、服従の順守のためなのだ。そして主の両手の間にあり、その永劫の中であり、その神性の中にある。完全に起床すると、その人とその兵卒は、従われる主に侍ることとなる。それなのに、兵卒と従者たちを派遣して、自ら（心）が奉仕や服従から距離を取るとなると、そのような奉仕は何の価値があるのか、それは（アッラーの）嫌悪されるところで、何の価値もないものとなるだろう。これらは、言い換えれば、皿を重ねるように連続している事柄なのである。（九九―一〇〇頁）

【註】少々判読しにくい表現ではあるが、心の働きが主への服従の主体であり、身体の行動はそれと共同する立場にあることを主張していることが読み取れるだろうか。イスラームの信仰は、言動両面で求められるという原点に戻ることになる。

②心から心への言葉

・心が硬く、アッラーから遠ざかることほど、僕《しもべ》が罰せられることはない。
・硬い心を溶かすために、火は創られた。
・アッラーに一番遠い心は、硬い心だ。
・心が硬くなれば、目は乾く。

・心の硬さは必要を超えると、食べ物、睡眠、言葉、社交と同じようなものだ。だから体の病は飲食では癒せず、心が欲望で病むと、訓戒も役に立たないのだ。
・心の純粋さを求める人は、我欲よりもアッラーを好むように。
・我欲のまといつく心は、その程度によって、アッラーが見えなくなっている。
・安心と不注意からの心の崩壊、そして畏怖と唱念からの心の繁栄。
・アッラーとその尊顔を拝することへの情熱は、ちょうど心への薫香の風のようなもので、現生の炎を追いやってくれる。
・アッラーの下にその人の心を住まわせた人は、静かに休息する。しかしその心を人海の中に送ってしまった人は、困惑と心配の虜になる。
・世俗を愛する心にはアッラーへの敬愛がこもらないのは、ラクダが針の穴を通らないのと同じだ。（一一〇―一一一頁）

【註】これは読んで余り抵抗感はない。しかし、「心が硬い」という表現は、日本語だと、荒々しいといったところであろう。信心のない人は、荒々しい心の人ということであろう。

③心の生涯

心の生涯は、行動と意思と関心である。人はそれを見ると、その人の心は生きているという。心の生涯は、常時の唱念と罪を犯さないことでもある。わたしの師匠である、イブン・タイミーヤは言っていた。「毎日、暁前の任意の礼拝と暁の（義務の）礼拝の間に、生きておられ永劫のお方よ、あなた以外にアッラーはおられない、と四〇回唱える者の心を、アッラーは生かされる。」

至高なるアッラーは身体を食料と飲み物でお造りになるように、心は常なる唱念とアッラーへの帰依、そして罪を犯さないことでお造りになる。不注意は心に罪作りだ。悪に拘《こだわ》り、近い存在（アッラー）に縁切りとなる我欲は、心の生命を弱める。その弱さは死ぬまで続くことになる。その死の印は、常識を知らないで、禁じられていることを拒否しないことである。

…

よく言われるのは、死には二つある。意思の死と自然の死である。意思で自らを殺す人とは、自然の死がその人の生涯となる、ということである。この意味は、意思の死とは、欲望を抑え、その燃える炎を消し、過剰な動揺を鎮めることであり、それは服従の完璧さとその知識と、それを起動させることを熟慮するのに、心と魂が専念するということである。そうすれば、いつも美味な生活に近い影を落とすこと（物欲の生活）は、失うものが多いことを知るであろう。…

こういったことは、人の中でも理性と知性のある人なら分かっている。それを実行する人は、高い志と賢明な精神の持ち主である。（一一八―一二〇頁）

【註】心にも生涯があるという着想は面白い。身体面に限定しない視点から、人の心のケアを見直すことにもなるかと思われる。

④心の種類

心には三種類ある。第一は、信仰とすべての善が欠けているもので、暗く悪魔が住み着き休息を取っている。そこから人につぶやいている。そして悪魔はそこを支配し、何でも好き勝手にふるまっている。

第二は、信仰に満ちており、光が灯を照らしている。しかしその上には、欲望や浮わついた感情がまといついている。悪魔を受け付ける余地がある。両者の間には、勝ったり負けたりの闘いが続けられる。

第三は、信仰の光で満たされたものである。欲望や暗さは取り払われて、その光は悪魔のつぶやきがあっても、それを焼き尽くす。それは星に満ちた空のようで、悪魔がいたら礫《つぶて》の石が落としてしまう。しかもその空が信者の一番の防護ではなく、最強のものはアッラーなのである。空には天使と魂が宿り、帰依の光に満ちている。信者の心は主の唯一性、敬愛、知識、信心、そして何よりも光に満たされている。敵の姦計から守護し、その襲撃は何も得るところはない。（一二八―一二九頁）

【註】クルアーンに、「アッラーは、諸天と地の光です。」（二四：三五）とある。

⑤不注意

不注意は、この生活の必要性に対して心が眠っていることである。それはヒジャーブである。もしそれが取られなければ、無益な休みと遊びのヒジャーブとなる。取ろうとしなければ、背信とアッラーから遠ざける小さな罪となる。さらには、至高の主を憎み、怒り、呪うヒジャーブのような大罪となる。あるいは、自身を苦しめる逸脱となり、何も得るところはない。それはアッラーと預言者に嘘をつくヒジャーブとなる。またそれは、アッラー、天使、啓典、預言者、最後の日という五つの基礎的な信仰箇条（現代では、天命を加えて六箇条とするのが普通）に疑念を生じさせ、虚偽を生み出す、荒々しいヒジャーブとなる。それは厚くなり、黒くて何も見えない暗黒のヒジャーブである。そこでは悪魔が支配し、約束し、駆り立て、迷いがちな精神（アルナフス・アルアンマーラ・ビッスーィ）をふらつかせる。天然の権勢が信仰のそれに勝利し、人質に取り、殺害しないとしても、牢屋に入れたのである。悪魔は国を支配し、欲望の兵卒を動かし、慣習を破り、覚醒の扉を閉じたのである。それは不注意の扉を打ち立てたということになる。……

アッラー以外に神はない。心には、多様なものが集まっている。助勢は少ないが高邁な信仰心の兵士たち、慈悲深い方を唱えないで（世俗的になり）人々と交わるもの、長く人の望みをくじかせてきたこと―つまりこの被造物の中で、約束されながらも見えないもの（主からの報奨）より今あるもの（現世的な収益）を好むこと―などである。アッラーこそは助けを求められ、それら（ヒジャーブのあるなしに関わらず）両者共が依拠しているのである。（一三四―一三六頁）

⑥高慢な人たちには四種あること

第一は、神学者たちで高慢な道外れな人たち。彼らは腐った理屈で、（継承された伝統的な）文面に対抗する。理性と伝承が異なるならば、理性を優先して、言い伝えは排除すべきだということ。発音や解釈が分かれても、それらは人のものとして、アッラーに任せるべきだとはしないのである。

第二は、法学（フィクフ）に属する高慢な人たち。類推と見解と文面が異なる場合には、文面よりは類推を優先する。そしてわれわれは、文面には拘泥しないと言う。

第三は、神秘主義者と禁欲主義者たちで、高慢な道外れの人たちである。彼らが嗜好と命令が衝突するときは、嗜好や状態を優先する。そして命令には配慮しない。

第四は抑圧的な権力者や支配者で、高慢な道外れの人たちである。イスラームの道（シャリーア）と政治が別物になったならば、かれらは政治を優先する。そしてイスラーム法の統治には振り向きもしない。（一三六頁）

【註】高慢さは性格として嫌われるだけではなく、シルク（アッラーと別の神を並置すること）への道のりであり、そうなると地獄行き必定の大罪である。尊大さが、真実を見られなくするのである。「裸の王様」となるのである。

⑦心を腐らせるもの—アッラー以外に頼ること

これは最大の心の腐敗をもたらすものである。一番アッラーから縁遠くなり、その功徳や幸せを覆い隠すものである。もしもアッラー以外に頼るならば、その人をアッラーはそれに任せて、頼った方からその人を切り離される。そうしてその人は、アッラー以外に頼ったことで、結局望んだものも得られないのである。アッラーからは何も得ないで、それを望んだ者に与えられるものはない。

かれらは（非信者）は、自分たちに威力を与えるため、アッラーの他に神々をとりま

す。そうではありません。かれら（神々）は、かれら（非信者）の崇拝を拒否し、かれらの敵になります。（一九：八一、八二）

かれら（マッカの多神教徒たち）は、アッラーを差し置いて他に神々を選び、何とか助けられようとします。それら（神々）は彼らを助けられず、（逆に）かれらはそれら（神々）のために軍勢を整えているのです。（三六：七四、七五）

アッラー以外に頼る人の得るものはなく、最大の功徳、幸福、そして喜びを喪失するのである。それは失敗と損失でしかない。ちょうどそれは、一番脆弱な家である、クモの巣に寒暑から逃れるために、宿を取るようなものである。

まとめると、それはアッラーと同列に並置すること（シルク）に他ならないのだ。そうする人には、非難と恥さらししかない。

アッラーとは別に、神を作ってはいけません。さもないと、あなた方は恥辱を被り、見捨てられるでしょう。（一七：二二）

称える者はなく非難され、支持する者はなく、恥さらしである。人によっては負けても称えられ（勝者が悪い場合）、あるいは支持されても非難される（同様に勝者が間違っている場合）かも知れない。あるいはまた、勢力があり真実を手にして勝利し、称えられるかも知れない。（いずれにしても）シルクの人々は、最悪のケースになる。それは、称賛もなければ、支持もないということである。（一五一―一五二頁）

⑧心を腐らせるもの―睡眠の多さ

睡眠のとり方では、それは心を殺し、体を重くする。また時間の浪費となり、不注意や怠慢を持続させる。それは嫌われ、あるいは身体に害があるかも知れない。一番良いのは、本当に必要な時の睡眠である。

夜の初めの方が、終わり頃よりも益するところが多い。日中の睡眠は、まだ昼間の初めや終わりよりは良い。それら両端に近くなるほど、そしてとくに夕方は、益が少なく害が多い。夜更しした場合を除いては、日が昇って直後の睡眠もそうである。

太陽が昇る前と昇ってからの礼拝の間の睡眠は嫌われる。それは戦利品の時間だ。その時間帯に旅する人には、大きなメリットがある。夜の間旅した人も、太陽が昇るまでは座ることも許されない。日中の初めは恵みの時間帯で、分け前が与えられ、恩寵が降りて来る時だ。そしてそこから日中が始まるのだから、初めの頃のあり方が一日に影響することになる。ただし、どうしても不可欠な時は仕方ないだろう。

要するに、最も正しく益も大きいのは、夜の前半ということになる。それから、最後の六分の一である。それで八時間ということである。医者もそう言うし、そのメリットとデメリットは、自分の考えを離れて自然と影響があるものである。

日没直後で夕食の後、つまり夜の初めの睡眠も益がない。預言者（祝福と平安を）もそれを嫌われた。それは法的にも、また自然（の体調）としても嫌われている。

睡眠の多さも、さまざまな病気の原因となるので、そうならないようにして、それを避けるように。骨の成分がおかしくなったり、それが乾くこともある。あるいは精神が整わず、理解や作業にも影響する。心身ともに悪影響のある病気もある。本当に、正しいことが何事でも重要で、それが最善をもたらす。アッラーのお助けを。（一五二―一五三頁）

⑨単一性の証言とその果実

アッラーは言われた。

あなた（ムハンマド）はアッラーが、いかに例をもたらすのかを見ないのですか。（例えば）良い言葉とは、良い木（ナツメヤシ）のようなもので、その根はしっかりと安定し、その枝は空の方に向いて、主の命令により、すべての季節に実を結びます。アッラーは人びとのため、かれらが心に留めておけるように、多くの例をもたらすのです。（一四：二四、二五）

こうしてアッラーは良い言葉のことを、良い木として例えられた。というのは、良い木は良い実を結ばせるが、良い言葉は善い行いを生むからである。

これについて大半の解釈者は、次のように言う。つまり、「アッラー以外に神はなし」という証言は、目に見えようが見えまいが、すべての良い行為を生み出す。そして良い行為は、良い言葉の果実として、アッラーを喜ばせるものである、と。

アリー・ブン・アビー・タルハ（七六〇年没）の解釈には、教友の一人であったイブン・アッバース（六八七年没）の伝える預言者伝承が出てくるが、次のように言っている。アッラー以外に神はいないという「良い言葉」は、ムスリムにとって「良い木」のようなもので、ムスリムの心の中では、単一性の証言は「しっかりした根」のように、「その枝は空の方に向いて」いるのである。つまり、信者の行いをそれでもって空に上昇させるのである、と。そこでアルラビーウ・ブン・アナス（七五六年没）も言っている。「良い言葉」とは、信仰のようなものだ。というのは、信仰は良い木であり、その根はしっかりとしている。そしてその根はなくならないで至誠がこもり、その枝はアッラーへの畏怖で空に向かっているのだ、と。

こうしてこの比喩は、正しく明瞭で（伝承の信用性としても）良好であるというべきだ。だからアッラーは、単一性に関する心の中の証言をしっかりした根を持ち、空に枝を張って、何時も良い実を結ぶ樹木に例えられたのである。

あなたがこの比喩をよく考えると、それは心中にしっかりした樹木に適用されて、その枝が空中に善い行いの枝となって昇っている様子を見て取れるだろう。

そしてこの木が心の中で堅固であればあるほど、いつも良い行為を生み出していることも分かる。それ（堅固な木）への敬愛、それへの至誠、その真実なることの知識、その諸権利の実施といったことも、了解される。この言葉を心の中にあるがままに受け入れ、心をその言葉で描写し、また心を最良のアッラーの染め色で染め上げると、心をアッラーに結びつける神性の事実を知ることとなる。そして舌はその証言の言葉を語り、身体は全身でそれを信ずることとなる。その真実とそれに付随する事柄は、アッラー以外のすべてを拒否する。そしてその拒否について、心は舌に同調し、身体は単一性の証言をした人に導かれることとなる。

…（二二六―二二七頁）

【註】以上に訳出した文章は本論考全体の約半分でしかない。しかし残り半分の内容は、ほぼ以上と同様であり、実質的には繰り返しである。繰り返しは決して無駄ではないが、現代感覚としては、同じ論調をまた読み直しているということになるので、

それは割愛した。この繰り返しの論法は、イスラーム文献では日常茶飯事であり、さらにはその源泉としては、クルアーン全体を一貫しているものである。[95]

⑩アッラーは唯一であるという輝きと罪の霧

「アッラー以外に神はなし」という輝きの言葉は、罪の霧と雲を、その光の強弱に従って、入れ替わらせるものであることを知るべきだ。しかしその光については、人々の間で見解の相違が見られている。その強弱は、アッラーしかご存じないほどに分裂しているのである。

・その言葉の光は、信者の心の中の光だ。
・その言葉の光は、星座のようだ。
・その言葉の光は、大きな炎のようだ。
・その言葉は光る灯、あるいは、それは弱い灯だ。

こうしてこの光は、最後の日には、信者の心に、またその手中に、強弱をもって現れるということになる。それはその言葉の光が、知識、行動、学識、状況などの面で、どれだけあったか次第である。

この光が強まれば強まるほど、その力と強さにより、疑念や欲望が取り除かれる。そういった疑念、欲望、罪などは、燃やし尽くされるかもしれない。それに真摯な人は、アッラーに一切の同列者を置かない人である。光がそれらを衰えさせ、また燃やし尽くすのだ。彼らの信仰の空は、星々で泥棒から護られている。人間には付きものの、不注意の場合を除いては、盗まれることはない。盗まれたことに気が付いたときには、泥棒からそれを取り戻すか、あるいは何倍も獲得するだろう。そして絶対に盗品は、人間やジンの泥棒の下には留まらない。だからそれは、かれらに対して倉庫の扉を開けてしまうようにはならないし、あるいは（見ないように）背中を向けてしまうようなことにもならない。

アッラー以外に神はなしという単一性の証言を言うだけがすべてではない。またはアッラーがすべての主であり、王だとするだけではない。それだけだと、偶像の信奉者であった多神教徒がしていたことと変わりないからだ。つまり本当の単一性信奉というのは、次のような諸側面を含んでいるのだ。アッラーへの敬愛、服従、腰の低さ、完璧な帰依、至誠を尽くした崇拝、尊顔を切望する気持ちなど。それらをあらゆる言動を通じて全うするのである。禁則、喜捨、愛情、あるいは背信に向かう種々の原因との間に生じる憎悪など、すべてである。こういったことを理解する人は、次の預言者（祝福と平安を）の言葉を（正しく）理解するだろう。「アッラー以外に神はなしと言って、アッラーの尊顔を切望する人に、アッラーは火獄を禁じられた。」（アルブハーリーとムスリム両名共通の二真正伝承）、「アッラー以外に神はなし、と唱えた人は、火獄には入らない。」（ムスリムの伝承）…

法の制定者（祝福と平安を）は、舌だけの言葉にはされなかったのだ。この違いはイスラームでは、知られたところである。信仰上ふらついている人たちは舌だけで済ますが、かれらは火獄の中で、信仰を拒否する人たちよりも下の階層に入るのだ。だから舌だけではなく、心の言葉が求められているのだ。…（以下に再び、前述のような様々な単一性信奉の諸側面を陳述）

事例がある。それは喉を乾かせた犬を見た娼婦の話だが、その犬は喉が渇いて湿った砂を食べていた。その時、彼女の心に浮かんだのは、井戸を降りることであった。それはそのための器具も補佐役も監督係もいない中である。彼女は靴に水を入れて犬に運んでやろうという覚悟であった。水を一杯にして、その靴は口で加える要領である。井戸を漸く登って、犬といえば叩く人が多いが、彼女は両手で靴をかがんで犬に近づけて飲ませたのであった。それなのに何も彼女は報奨も感謝も望まなかった。このような単一性の光は、売春という以前の罪を帳消しにして、アッラーの赦しが降りたのであった。[96]

仕事と仕事人のアッラーの前での結果は、こうした事例の通りである。不注意でもそこには化学的な錬金薬があるかも知れず、仕事が銅製の管であっても、その上に少々その薬を垂らすと、その心が金になるかも知れないのだ。アッラーにこそ、助けを求める。

【註】最後の錬金薬の例えは、今の日本では訴えるところはないかもしれない。錬金術が本気で考えられていた時代であったので、それが最も訴える力のある例えになった。

オ．アフマド・アミーン

二〇世紀前半という時代は、日本でも日露戦争から太平洋戦争終結までなので、それは揺れ動く混迷の時代であった。さらにエジプトの場合は、英国の植民地支配に始まり、次いでそれからの名実共の独立、さらには国王制から共和制への体制変換を成し遂げた疾風怒涛の五〇年間であった(97)。

アフマド・アミーン（一九五四年没）は近代エジプトの生んだ一大碩学であり、英国植民地主義からの独立後にあって、エジプト国内の思潮を大きくイスラームに傾斜させた歴史家、思想家であった。第二次大戦後、多くのアラブ諸国が独立したが、その中では、アラブ連盟の文化局長も務めて、広くアラブ世界にも影響力を発揮した。幼年の頃、自分の部屋をアッラーの光が満たす情景を夢見たとあるのは、当時より宗教的覚醒は確かなものであったということであろう。その後、成長してからは友人の間では、「信仰一徹」というあだ名で呼ばれていたそうである(98)。

広範な思索の中から、彼の直観と信仰を巡る思想の特徴をまとめると、次の通り。

＊直観―不可視の世界に属する信仰は、幻想ではない。そのためには直観を働かせることとなる。信仰の真髄は最も高貴な感性により、内在世界の頂点に達することである。人の天

性には、真善美を希求する傾きが賦与されている。宗教は真善美を包括し，それらの上部にある精神界である。

＊信仰―宗教信仰を得ることは、やはりすべての人に与えられた天賦の才によるが、その強弱、大小といった差違は存在する。科学に加えて精神があり、理性に加えて心があり、論理に加えて信仰がある。西欧文明の犯した間違いは、人の持つ種々の天賦の才を見限って、科学だけを偏重したことにある。真の宗教は魂を暗黒と恐怖から、安寧と歓喜に導いてくれる。

＊科学と宗教―真実は科学でのみ到達できるのではなく、芸術や宗教も異なる側面の真実を明らかにする。結局のところ、宗教と科学は互いに補完しあうのであって、真実探求という点では合致している。宗教における真実への到達方法は直観である。預言者ムハンマドの場合のように、それは詩人、哲学者あるいは科学者とは違って、かれの心に天啓の輝きが閃いたのであって、それは雲が集まると稲妻の光る雷が落ちるようなものであった。また科学はいかにという方法論を論じても、それは何か、という本質論には答えない。科学はどれほど進歩しても説明できない事象が残り、そのように科学が行き止まりとなったところから宗教は出発する。信仰を正しく強化することにこそ、人生の生きがいもあり、それが真の生きる目的である。

それではまず手始めとして、彼の直観論から入りたい。[99]

①直観

人には理性的な力以外にもう一つの能力、あるいは才覚があると思われる。それは既知の諸事実から結論を導き出す、論理でなじみのある方法ではないが、別種の真実を認識するものである。その力は、啓示、直観、顕示などの能力が潜んでいるところである。そしてそれは既知の事実の計算や、結果の評価はしない。それは一瞬の稲妻のようなもので、それで諸事実を明らかにするのである。

動物にもそのような能力があることは、アッラーが言われた。

またあなたの主は、蜜蜂に啓示しました。山や樹木、かれら（人びと）の建造物に巣を作りなさい。（一六：六八）

さらに大人が頭で考えたり実験したりするのではないが、子供がこのような能力を発揮することもあり、女性は男性よりも多くこの種の能力があるように見られる。女性は関心のある事柄に関しては、それについての予兆はなくても、直観的に実に鋭い感性を発揮する。

●直観は様々なこと

また理性と同様にこの直観力の強弱は、人により様々である。それはちょうど、賢明さ、裕福さ、馬鹿さ、鈍感さにおいても程度の違いがあり、また数学に強い人も弱い人もいるのと同じである。直観力の大小は、どの程度啓蒙されているかも関係する。預言者伝承に言う。「私の共同体には、直観力のある人たちがいる。その中の一人が、ウマル（第二代正統カリフ、六三四―六四四年在位）である。」直観力は理性力とは連動しない。また賢明さ、知識や教養も同様だ。

カイロにきて二年しかたたない農民の話がある。読み書き、計算などは勉強しないで、六桁とか七桁の掛け算ができるというのである。通常使用するような道具は使わないでできるというので、結局統計局の計算部門で採用となった。そこでその男は計算機のようになって、足したり引いたり、また掛けたり割ったりする計算をすることとなった。…

●各方面の直観

直観は芸術に鮮明に表れる。美というものは、曖昧さに覆われている。美学論がいかになされて、美の合理的で経験的にもうなずける原則が説かれても、そのすべてにおいて曖昧さは残っている。大半は直観や嗜好頼りであり、理性や実験ではない。われわれが通常知っているのは、ほぼ同様のものが生み出されるということである。物は物を、意見は意見を、生命は生命を、という具合である。しかしいずこから、美は来るのか。それはそれとは関係ないような、音であるとか色彩から来るのである。または醜さからも生まれる。人の体は部分ごとには美しいかも知れないが、全体が組み立てられるとそうでないかも知れない。もしくは、その逆かも知れない。これは一体どうしたことかを、われわれは知っていないのだ。美の力はわれわれにどのような反応を起こして、どのように世界を弄《もてあそ》ぶのか？われわれは知らない。

さらにはその人自身が、どうして芸術家になったのか？かれは他のことには役立たないが、芸術には秀でているのだ。多くの人は、アフマド・シャウキー（一九三二年没）を見て、あるいはかれと同席もして知っているだろう。かれは話も下手だし、考えもどうというほどのこともなかった。その両目は、水銀の上に安置されているようだった。どれだけ一緒に座っていても、かれには天分の閃きも感じさせられないのだ。ところがかれは、近代最大の東洋の詩人ということで、シェイクスピアに比する人もいるくらいだ。「何という優れた詩の才能だ、何という素晴らしい幼年期で、凄い単純さか！」…

それにしてもこれらすべての芸術家の特徴は何なのか？かれらの置かれた状況は、見たとおりである。かれらには、直観しか残されてないのだ。理性面や経験面ではそれほど強いということはなかったし、すべてはかれらの直観力にかかっていると言わねばならないのである。

それにしても芸術とは、どのようにして生まれるのか？詩人にどのようにして創作して、意味合いや幻想が湧いてくるのか、また作家にはどのようにして筋書きや出来事の思い付きや編纂ができるのか、そして画家にどうやって想像し創作するのか、そしてどのようにして色彩を組み合わせるのかといったことを尋ねるとしよう。そうすると返事は、全員が揃って答え方も分からないというだろう。頭で考えてそうなったというのではないし、直観を待っていただけと言うだろう。詩人は詩の冒頭では計算なしの直観を得るのだ。そして考え、幻想しながら、昼も夜も何日も過ごす。そしてその冒頭の対句を書くが、満足しない。それは啓示が止まったからだ。そこでもう一度啓示が下りるまで待つしかなく、次に始まるとそれは溢れんばかりになる。どうしてうまく行くのか、あるいはまるでダメなのかは分からない。それをどのようにあなたが説明しようとして、健康状態、喜びや悲しみ、中庸かどうかなどの諸点を持ち出したとしても、そういったことではないのだ。

●天才と科学

同様に天才と言われる人がいるが、かれらはその時代を一番よく表現する能力を持った人たちである。国や世界を前進させようとするが、それで思想や慣行上の理想に近づくというのだ。多くの天才たちは、この直観力を持っており、それが成功の秘密である。宗教上は、哲学的な理性では喜ばしくないものでも、また論理的にはそうはならない仕方ではあっても、かれらはその教義に引き寄せるのである。人々の心は揺れ動くとしても、結局のところは頭が命じるようにではなく、かれらの心が赴くように人生を進めるのである。実際のところこれらの天才たちの多くは、理性面では風変りの人が多くいた。そこで天才を研究する人たちの中には、天才を風変りではなく、気狂いの部類に数える人もいるほどだ。

発明や発見も多くは学術研究よりは、直観に拠っていた。学術研究は、直観の最初の一瞬のための補助であり支援であった。何人の人がリンゴなどの果実が木から落ちるのを見たことだろう。ただニュートンに直観が働いて、その落下を引力の考えに関連付けたのだ。それから知識と理性を働かせて、その法則の発見に至ったのであった。何人の人が、礼拝所の中で燈明が綱の先にぶら下がっているのを見たことか。そこへ風が吹いて、振り子のように動いたのだ。それに直観が働いたのは、ガリレオであった。そして振動の法則を発見した。その後、理性と科学がその法則を補充して、機械工学にも活用された。以上のようにまず直観が働いてから、理性が起動されるということである。

●宗教

次に宗教の分野ではどうだろうか。様々な時代に色々の宗教がおこった。そうして宗教家たちが言ったのは、知識による方法ではなく、真実を知ったのは直観であったということだ。理性ではなく、嗜好に拠っていたという。このような方法によるものは、理性によるものよりも、直に目で見て耳で聞くように、強力で明澄であったという。かれらには疑問というものが生じないが、それが神秘主義者であり、アルガザーリー（一一一一年没）であり、三世紀の哲学者プロティノス（二〇七年没）などである。後者の言葉にあるのは、描写を超えた形で四回真実に至ったが、それは「真実を見たが、神に到達したのだった」と言う。これを伝えたのは、弟子のポルピュリオス（三〇五年没）であったが、かれの言っていることは真実だと知っていた。自分自身が六八歳の時に、この方法で一回神がお目見えになったことがあったというのである。感覚、理性、そして魂で認識するが、魂による方法が前二者よりも潤沢で正直だという。というのも、われわれの真実とはわれわれの魂であり、世界の事実とはあの方の魂であるのだ。

だから魂を魂で認識するほど、正直なものはない。かれらは理性では見られないものを、直観と顕示（カシュフ）は見せてくれるとする。だからかれらは、直観認識を霊知（神知、マアリファ）と称して、理性によるものを知識（イルム）と呼んでいる。前者の目的は知恵であり、後者のそれは哲学である。前者の手法は愛情と霊操であり、後者のそれは実験と論理である。前者の認識は瞬時であるが、後者のそれは少しずつである。前者の中心は心であるが、後者のそれは頭である。

心理学では当初こういった現象を拒否していたが、最近はそれを変えてこういう心理の諸例を取り上げることとした。それは正しいいくつかの現象や、あるいは篤信家が到達した、科学では到達できない驚くべき諸事実が、心理学を当惑させたからである。特にこれらの篤信家たちが、読み書きできず、さらには教育も受けていないというケースがあったからだ。

●哲学と宗教

完璧に理性的な人の例として、哲学者のアリストテレスらを考えよう。また完璧に直観の人として、預言者を考えよう。哲学が欲するのは世界の原因であり、基本原則である。また世界にある最初の原子から最高の存在までを集める原則もそうだ。最初の細胞から、国王、そしてアッラーに至るまでである。それを既知の諸事実から出発して、何らかの結果を得るという、論理的な思考で達成するのである。さらにはその結果を、さらなる最高の結論へと導く。だから哲学の目的は、第一原因の究明である。もし知識が樹木の枝であるとすれば、哲学はその根本を目的として、世界の樹木を構成している初めの種子を知りたいとするのである。この哲学の目的は、他でもない宗教の目的でもある。

宗教は世界の初めの、そして最後の真実を知りたいと考えるのだ。そしてアッラーがその最初であり最後の存在であるので、それを知りたいということになる。それを既知の事項と結論という手法ではなく、自身とアッラーの関係を強化して達成したいとするのである。それが採る手法は、最小の魂から最大の魂へ向けられた愛情と憧憬である。人間には自然な方法がいくつかある。一つは、哲学の好む考える理性である。次には、宗教の好む熱い愛情である。人には研究する理性と、完璧さを求める際や周りの障害を乗り越える際にも依拠する力を求める心とがある。

哲学と宗教は目的を一つにするが、方法が異なっている。哲学者と篤信家とは同じ道を旅することはない。哲学者は理性を駆使するが、篤信家は心を忙しくする。前者は頭脳を育て、後者は理性を無視しなくても感性を育む。理性の立つ人は、いつも不満だらけで、信仰はしないし決意もしない。心が大きければ、熱く希求する者として、愛する者を信じるのだ。そこに議論や疑念は禁断である。そこで篤信家の喜悦と安寧は、哲学者の喜悦よりも大きく強いものである。哲学の方法は難しくて、知識、術語、そして教育を必要とするので、特定の人たちにしか向いていない。他方宗教は、誰にでも可能である。そこで高度の哲学者は特殊な人しかいないが、篤信家は特殊でも一般的でも、両方の層にいるのだ。心は信じることができるし、また決意もできる。それを理性はほとんどしないのだ。心は安寧で、理性は当惑である。もし決意する人がいれば、それは心の支援によるものである。

ファフル・アルディーン・アルラーズィー（一二一〇年没）らは、哲学が当惑に服したとしてその命運を残念がった。一方デヴィッド・ヒューム（一七七六年没、英国人哲学者）は、神の真実とその自然に関して決意することはできないと宣告した。しかしあなたは篤信家で当惑している人や、愛情に悔やんでいる人はいないことを知っている。理性はそれが純粋になれば、向上する。他方、心が向上するのは、愛するものを結びつける紐を伸ばすときである。だから心のある者は、その人柄をよく感じ取れるし、その安寧を多く感じるのである。信仰すると、高尚な魂（アッラー）は小さな魂（人）と呼応していることを感じ取るのである。

●宗教の世界

宗教の基礎は、この物質世界の裏には、精神世界があるということである。それは幻想や詩的な王国ではない。それは存在すべてに関する、真実の王国である。つまり美、植物、動物、そして人間すべてである。その精神性の薫香は最高の魂である、アッラーからのものである。

かれを、称賛（の言葉）をもって賛美しないものは何もありません。ただしあなた方は、それらがどのように賛美しているかを理解していません。（一七：四四）

感じようが感じまいが、何事にもその精神的なメッセージがあるが、それは精神性において異なっている。それが異なる様子は、各世界の個人や各グループの事柄が異なっているのと同様だ。それはあたかもピアノの調子に強弱や剛柔や高低の違いがあるのと同じだ。自然の存在の中には、段階というものがある。身体、家族、軍隊、山河や丘や樹木と花々の集まり、あるいは太陽系の星々など、いずれもそうである。どれにも高低の段階がある。それに気づいたのはダーウィンであるが、かれは進化論を唱えた。どのグループにもその部分より価値や機能が一段と高いというボスがいる。それがその種を代表するということになる。精神界でも同様であり、この価値の差があり、この様々な段階がある。この段階こそは、上ってゆくアッラーへの道のりである。

この精神界の個々人は、感性、愛情、熱情、そして最高の魂の光を受け止められる能力において差異がある。そして啓示と直観を受け止める能力の差がある。宗教では、それを光で示すことがよくある。太陽は光を発射し、月はその光を受け止めて地球に送る。またその周辺の星々や星座に対しても、位置など受け付ける条件次第だが、やはり光を送っている。これは精神界における精神的な意味合いの表現として、適切な例えになる。クルアーンの中でも光章には、最高の節がある。

アッラーは、諸天と地の光です。かれの光を例えれば、ランプを置いた壁龕《へきがん》のようなものです。ランプはガラスの中にあり、ガラスは輝く星のようです。（そのランプは）祝福されたオリーブの木（の油）で灯されています。（その木は）東方（の産）でもなく西方（の産）でもなく、その油は火がほとんど触れないのに光を放ちます。光の上に光を添えます。アッラーは望みの人を、かれの光に導きます。アッラーは人びとのために、このように例えられます。アッラーは、すべてのことをご存知なのです。（二四：三五）

この最高の魂は、すべての知識、能力、知恵を集める王国の長であり、望むものを望む者に対して与えるのである。（預言者の）それとの関係は、月と太陽であり、光を受けてそれを放つのである。あるいは受け入れて、発出する。（通常の）人は預言者ほどでなくて、自分では（啓示を）受け付けないのである。またかれらに放出されたのではないが、（預言者から聞いて）放出する。これらは、精神界の諸法を人間の舌で説明することになる。かれらは苦痛を受けて、また誤っている人間性の叫び声に対する応答である。あるいはかれらは、傷付いた人間性に対する妙薬である。またかれらは、用意のある人は誰でもが分けてもらえる、光を広める者である。その人の言葉で、そしてその人が受容できた範囲で、宣教しているのだ。その言い方で、また心に対して広めていた光でもって、人々に影響も与える。だから多くの信者たちは、信じていたのは、支援であって議論ではなかった。「何だ、これは嘘つきだ」という人もいた。かれら宣教者は、人の心に光を投げかけていたので、理性で説得する方が少なかった。かれらは身体と欲望と地上の争いが集まると、人々の心を天上に（説諭で）高め、過ちが明らかになるのに合わせて、その社会を改革しようとした。かれらの教えで種子を撒いて、事後にそれらの過ちに気付いて修正するための指導をしたのであった。

最高の魂は、誰が啓示と直観に向いているかの選択をする際に、物質世界で気にするような、威厳、資産、血縁、知識、あるいは教育などには気もくれなかった。その選択には心だけが重要で、そのメッセージをどこで表すべきかについては、最もよく知っておられるのだ。

（一三八―一五〇頁）

【註】天から預言者に向けられるのが啓示であり、人には直観がある。しかしその直観も元をただせば、天啓の産物である。いずれも絶対主が選択されるものだが、人の「心」が基軸であるとされている。これは現代の日本語だと、宗教的天分と言い換

えた方が分かりやすいかも知れない。他方、天分があるから教えが伝えられるのであれば、伝えられる人に天分があるというのと、同義になってしまう。やはり「心」が基軸であるとするので十分なようだ。

いずれにしても、直観に関する全幅の論議としてまとまった論考になっているので、長編ながら訳出した。

②信仰の頂点

宗教の柱は、啓示と霊操などを通じて見えない世界に魂が達するということである。そして最も高貴な感覚で最高の力に達するということである。もしそれが霊的領域を超えて科学的領域に踏み入れることであれば、科学を説明したり照明したりするだろう。あるいは科学者の研究や成果を否定するかもしれない。そうして自らの役割を超えることになる。

他方、科学が宗教を論理で証明し始めるとすれば、それはキリスト教であれイスラームであれ、神学者のようになる。しかしそれは哲学でもなければ宗教でもない、いずれの味わいもないようなつまらない哲学を持ち出すことに他ならない。それらはいずれも、目で匂いを嗅いで、耳で聞いて、鼻で味わうようなものである。

●芸術

文学や音楽や絵画といった芸術は、基礎として感情的な理解がある。そして外見の背後にあるものへの感性もある。物事の中核やそれらと芸術家の感情や情緒との混交、さらには芸術家の性格との混交に到達もする。そしてそれらを調和した姿で表出し、高貴さと高尚の感情を啓示する種々の絵画や色彩を創り出すための創造者の力からの延長も、基礎となるのだ。腹の中は見ないで外見だけで終始し、あるいは冗談や馬鹿げたことで十分ならば、その人はまだ使命を果たしたとは言えない。それは最も些細なこととされるだろう。また名士や資産家からの金銭収入だけで満足するならば、あるいは性的な挑発だけの手段であるならば、低俗な商品に過ぎず、それに精神的な高邁さはない。

●哲学

哲学の基礎は、熟考と論理的な思索であり、知っていることを説明し、それと知らないことの峻別である。そしてそれから科学、芸術、宗教の根幹を認識することである。但しそれが言葉の遊びに過ぎず、哲学者としての意見や感情の提示で、他の哲学者たちの意見や感情との対立だけであれば、それでは使命を果たしたとは言えない。それは言葉だけであり、形式、あるいは対話をしているに過ぎないからだ。またそれは盲目化であるし、妙で大仰な発音に包まれた駄洒落に過ぎない。

本当の文明は、これら四側面がそれぞれの限界の根本を示し、その道のりを描いているものである。互いに均衡を保ち、どれ一つも他を牛耳らないためである。どれもが専制的でなく、慢心していないことが重要である。それはどれにも、改ざんや変更や誤謬が入り込まないためである。

どの人の精神にもこれらの四個の要素があるが、それは人により分量、充足度、実効性、受容度は異なっている。世界の全体的な精神も同様であり、これらの要素があることは明白である。それらが全体で、あるいは個別に、文明の姿をなしているのだ。現在のわれわれの文明の腐敗の原因は、これら四要素の不揃いということである。またその諸要素にも腐敗がはびこっている。

●科学と現代文明の危機

科学は日進月歩であるが、人の心はどこへ行ったのか？この世は機械や道具で一杯だ。また政治的社会的経済的な諸理論も、汗牛充棟《かんぎゅうじゅうとう》である。ただそこには二つの欠陥がある。

第一は、自然界は物質的であるので、科学者は高慢にも物質的な道具で物質の背後を調べ始めた。そしてそこに心が見つからなければ、それを否定するのだ。第二は、精神は科学ほどには進歩しないし、それどころか遅れるばかりであった。そこで科学的な進歩を延長して、野蛮な本能のためにも使用し始めた。もし野蛮人が石や杖で殺していたとすれば、科学は電気、潜水艦、航空機、窒息ガスで殺すのだ。野蛮人は敵の捕虜を奴隷にしたとすれば、文明人は攻撃し、征服し、搾取し、不正な方法で奴隷化するのだ。

一つの国に、実に種々の奴隷化が見られる。娯楽や快楽もそうで、踊り、音楽、遊戯などで向上した面もある。だが野蛮人と文明人の本能と動機は一つだと言えよう。科学は形態を整え、手法を調整したに過ぎない。そして文明の偉大さというものは、野蛮人の家族や部族の擁護の拡大版であり、それが戦争の準備であり戦意の強化ということである。心の動機を強化しないのが科学であり、旧態を温存して外形を向上させる。こうして文明は、覆われた野蛮性であり、言い換えればそれは、銀箔の獰猛《どうもう》さである。

現代の宗教は、外見であり、教えを垂れるものではない。心抜きの作業であり、儀礼であり感性ではない。魂抜きの活動で、関係者は文明的権力の従者であり、精神生活の指導者ではない。地上ばかりを目で見ていて、天上を心で見ているのではない。

芸術は野望の始動であり、富を集めるものとなり、民衆がそのお笑い劇のレベルに留まるための努力に過ぎない。

われわれが見るこの最悪の破壊や不安と混迷はその究極に達したのであろうか?地震と不

穏さは世界を逆立ちさせ、魂のない文明に革命を宣言して、その破壊の屑から魂のこもった文明を構築できるのであろうか？

そうなることを、切望せざるを得ない。（八二―八五頁）

【註】本節は、信仰の絶頂点を示した内容である。実体験を踏まえたものであり、言葉を使った説明としては、現代イスラーム文献では最良の部類であろう。

カ．アルブーティー

一九二九年生まれのムハンマド・サイード・ラマダーン・アルブーティーは、二〇世紀後半から今世紀初頭にかけて活躍した、スンナ派イスラーム世界を代表する指折りの碩学である。出身はシズレというトルコの南東アナトリア地方シュルナク県にある町で、ティグリス川に北から東と南を囲まれているため、アラビア語ではその地名を「島」を意味するジャズィーラと呼び、イブン・ウマル島の名で知られる。トルコとシリアの国境およびトルコ、シリア、イラクの三国国境地点の北西にあり、住民の多数派はクルド人で、アルブーティー本人もクルド人である。

イスラーム学者モッラー・ラマダーンとして知られた父親が、世俗主義を前面に押し出したムスタファ・ケマルの政策を嫌い、ムハンマド・サイード（アルブーティー）が四歳のころにシリアへ移住した。当時の著名なイスラーム学者ハサン・ハバンナカ（一九〇八〜一九七八年）が設立したイスラーム的指導学院で高等教育課程までを学び、一九五三年にはアズハル大学シャリーア学部に入学した。一九六〇年にはダマスカス大学シャリーア学部助手に就任し、その後アズハル大学大学院へ進学して、一九六五年には博士号（シャリーア原理学）を取得した。同年シリアに帰国後はダマスカス大学シャリーア学部で教鞭を取るようになり、副学部長、学部長などを歴任した。学者、大学教授、マスジド（イスラーム礼拝所）のイマーム（礼拝導師）、作家としての顔を持ち、イマームとしては自宅近くのリファーイー・マスジドでのイマームのほか、晩年はシリアを代表し、イスラーム世界第四のマスジドとされるウマウィー（ウマイヤド）・マスジドのイマームも務めた。作家としては、六〇冊近くの著作を後世に残している。

二〇世紀に世界中を巻き込んだ様々なイデオロギーの中で、社会主義思想や世俗主義思想、民族主義思想などを相手取り、ムスリム社会の中ではリベラリズムやワッハーブ派思想を論破する伝統イスラーム尊重に立脚するオピニオンリーダーとして、テレビでのわかりやすい宗教番組の解説者としてお茶の間の人気も博しつつ、多くの信頼を得た人である。基本の立ち位置は、法学はシャーフィイー学派、神学はアシュアリー学派として知られ、心学はカーディリー教団の伝統に親しみながらも、特にタリーカ（教団）を前面に出す人ではなかった。

二〇〇四年には、「学者の資質とメディアの名声を兼ね備えた、百科事典的思想家」としてイスラーム世界の傑物に贈られる第八回ドバイ国際クルアーン大賞を受賞し、ヨルダンの王室イスラーム戦略研究所が二〇一二年に発行した「世界的な影響力をもつムスリム世界の人物五〇〇人」では、二七位に挙げられている。

晩年は、代理戦争の場とされたシリアの混乱を悪化させまいと民衆の反アサド政権デモ抗議に反対の立場を取りはしたが、アサド政権の国民に対する非道ぶりを前にいよいよ見限りの立場を表明しようとした矢先、イーマーン・マスジドでの講義中に政権側から刺客を送られて暗殺され、殉教するという最後を迎えた。二〇一三年三月二一日のことである。

筆者はダマスカスに留学中、アルブーティー師と何度か直接言葉を交わす栄誉を得るとともに、ご自宅近くのルクヌッディーン地区にあるリファーイー・マスジドでの金曜説教や定期講座、マズラア地区のイーマーン・マスジド（同師殉教の地）での定期講座に足繁く通ったものである。当時まだ二〇代後半の者から見ても、情熱と落ち着き、神への愛に涙するそのお姿に「カッコいいなぁ」と憧憬の念を禁じ得ぬ八十寿の老師であった。

アルブーティーはその著作や論説の理路整然さからすれば、一見「理知の人」のようにも映るが、実際はかなり「情愛の人」であり、直観についてもその存在を当たり前のものとして扱っている。むしろ彼の着眼点は教訓の受け止め方にあり、直観のその先にある神からの特別な恩寵・祝福としての超常現象カラーマ（Karaamah）の対処法にある。ヒジュラ暦七世紀・西暦一四世紀に活躍したエジプト・アレキサンドリア出身のイブン・アターイッラー・アッサカンダリー箴言集解説『アターイーの箴言集（ヒカム・アターイーヤ）解説と分析』第二〇の箴言解説において詳しく触れているので、現代の開明的スンナ派伝統尊重路線を歩んだ代表的論客がどのようなことを言っているか、拙訳を通してご紹介しよう。

なお、〔 〕書きの小見出しは、通読しやすいように訳者が入れたものである。

＊＊＊

第二〇の箴言(100)

求道者の志は〔神秘が〕明らかにされることで立ち止まろうとする度に、〔天からの〕真理の声が、「お前が求めるのは、お前の先の方にある。」と必ず呼び止めるだろう。世界の表面が着飾ることになった時には、その真理が「我々はフィトナ〔災厄〕だから、〔アッラーの恩恵を〕覆ってはならない。」と必ず呼び止めるだろう。

この箴言はとても重要なものであり、まるでイブン・アターイッラーはこれを〔アッラーとの〕近しさや〔アッラーへの〕到達を主張する者たち、超常現象の喧伝で弟子たちとやり取りをしながらウィラーヤ〔アッラーとの近しさ〕を装う者たちの口を噤《つぐ》ませるためのブレーキとするよう注意を促しているようである。

それは、深い意味が込められているのが後ほどお分かりいただけるだろうが、求道者をアッラーの書とその導きの保護へと戻し、預言者のスンナ〔道〕の広場とその規範へと戻してくれるものである。そして心の浄化とイフサーン（至誠）の境地へと続く道をアッラーの書の啓示とアッラーの使徒の導きに従うものとする。よってもし、その道が両者から外れてしまうようなことがあれば、それこそが彷徨《さまよ》い人を悲惨な迷妄へと投げ入れてしまう錯誤なのである。（二八二頁）

〔各人に合わせた巧妙な悪魔の誘惑〕

つい先日までアッラーの道からは遠く道を踏み外し、その御言葉《み》に背きながら、我欲や欲望の海に浸かり切っていた人がいる。ところが導きが訪れ、アッラーがその人の心をイスラームへと開いてくださり、アッラーのご命令や定めを知るに至った。イスラームの教えの基本をきちんと守るよう自らに課し、義務の礼拝を捧げ、断食月には断食をし、できる限り禁じられたものを避け、可能な限りの善行をするようになった。

この人には、かつて悪魔は大罪で誘惑し、醜悪で禁じられた行いを好ましいものとして見せてきたが、その人がアッラーへと向かい始め、アッラーの御言葉《み》に耳を傾け、中でも最も大切なアッラーのご命令を守るように努め、アッラーに背くことからは遠ざかるように努めるようになると、大罪での誘惑では功を奏しないこととなったため、悪魔はその人が達した状態に適した別の方法を取るのである。

こう言って囁くのだ。「今やアッラーの敬虔な僕たちの中でも最良の僕の一人になったとは思わないか。欠かさずに義務の礼拝を果たし、ラマダーンには耐え忍びつつアッラーの報奨を期待しつつ断食をする。皆が醜悪な行いや大罪に殺到している中で、お前はあえてそれらを避けようと努めている。今やもうお前もアッラーに近しい友たるアウリヤーゥの一人になったのがわかるだろう。」

もしそこで彼がこの囁きと馬鹿げた話を真《ま》に受け、この仄《ほの》めかしを鵜呑《うの》みにして真実だと思い込んだなら、悔悟する前よりも悪い状態に戻ってしまうことになる。なぜなら、一部の勤行者の感情に流れ込む自惚れこそ、破滅の最大の要因だからであり、心に巣食い破滅させる心の病の中でも最大のものにして、アッラーが「内面的な罪」と名付けたものの中でも最も危険なものだからである。

悪魔は、あらゆる集団や種類の人たちの道に罠やそれぞれに適した陰謀を企てるものである。真面目な信徒に対しては、自惚れの病や自分が何某《なにがし》かの者であるように見なすこと、アッラーの敬虔な僕たちや近しい友の一人となったと思わせることで捉えようとする。そうして、もしこうした想像を受け入れてしまったなら、善行を台無しにし、せっかくの善行も全て風に吹き飛ばされてしまうことになってしまうのである。（二八二〜二八三頁）

〈悪魔の囁きから身を守る方法〉

では、このような人をこうした悪魔の囁きから守ってくれる方法とは何であろうか。その方法というのが、イブン・アターイッラーが言うことを己に用いることである。悪魔の囁きにこう言って答えるのだ。「〈アッラーとの〉近しさの門への到達からは、自分はどこにあるというのか。私はまだまだ修身の階梯の初歩段階を歩んでいるに過ぎない。私などまだまだ至らなさの海に浸かり切ったままだ。私の手持ちなど、義務の礼拝のうち何セットかと数日の断食に過ぎない。任意の善行や深夜の礼拝からは、私などどこにあるというのか。私がアッラーとの語らいに臨むとき、この世のことなど忘れ切ってしまうことや礼拝中の畏怖の念からは、私はどこにあるというのか。アッラーの想起によって脈打つ心からは、私はどこにあるというのか。アッラーが禁じられたもの全てから遠ざかるということからは、私はどこにあるというのか。いや、そもそも私がどっぷりと浸かっているアッラーの恩恵や美徳、徴《しるし》の数々の前では、私のちっぽけな善行など何の価値があるだろうか。私などまだまだ道始めをゆっくり歩いているだけで、アッラーのお悦びという私の心中の憧れは、まだまだ遠い彼方にしか見えない。」

これこそが、「求道者の志は〈神秘が〉明らかにされることで立ち止まろうとする度に、〈天からの〉真理の声が、「お前が求めるのは、お前の先の方にある。」と必ず呼び止めるだろ

う。」というイブン・アターイッラーの言葉が意味するところなのである。（二八三〜二八四頁）

〔求道の旅〕

求道者（サーリク）は、より教えに忠実であろうとすることでアッラーに近づくための歩みを踏む度に、アッラーの偉大さや権威、自分に対するかの御方の権利の大きさについての気持ちが高まり、それから至高のアッラーを前にした自分の至らなさを感じる気持ちが増すだろう。その状態のまま、教えに忠実である度合いを高めては近しさが増す度に、己に対するアッラーの権利の大きさを感じ、自分の至らなさの新たな面が明らかとなる…といった状態が死ぬまで続くのである。

果たして、求道者が死の前に到達し得る、アッラーにとっての諸々の権利を完全に果たそうとする努力の旅に、終わりはあるだろうか。

いや、アッラーのどんな僕にとってであれ、この旅に終わりはない。

もし万が一、預言者（ナビー）や神に近しい人（ワリィ）がそこに到達できたなら、彼に対するアッラーの権利を果たし得ることとなり、アッラーの恩恵に恩義を感じてそれに報いようとする責任からは無関係となるが、誰が、いつ、どのように、アッラーの数々の徴から己を解き放つことができるというのか。

アッラーへの道を歩むこと自体が、アッラーの恩恵であり、お恵みくださる成功なのである。アッラーへの感謝で動かす舌もまた、かの御方からの賜物であり、恩恵なのである。それと同様に、見る目や聞く耳、歩く足も然りであり、それら全てがアッラーからの賜物であり、至善の行いなのである。また、立礼をし、かの御方の前で平伏する力も、施しに払う財産も、認識する理性も、それら全てが至高のアッラーから授与されたものなのである。つまり、僕たる人間がアッラーのお恵みくださった手段を用いて至高のアッラーへの近しさを増せば増すほど、アッラーの恩恵は増し、アッラーにとっての更なる権利が首元に積み重ねられることになるわけである。（二八五～二八六頁）

〔初心者にありがちな思い込みとその対処法〕

ただ、アッラーを知覚し、アッラーに向かい、アッラーのご命令に従おうとする誓約を結んでから間もない人は別であり、今私が言ったことは理解しないものである。むしろ、時間内に義務の礼拝を捧げられれば、自分がアッラーに果たすべき責任は果たしたと思いがちである。そのような場合、そうした人への悪魔のやり方は容易いものとなる。

そうした人が己自身に処方すべき治療法は、アッラーの唱念に関心を持ち、至高のアッラーから僕たる人間へとやってくるアッラーの属性や至善について熟考することである。

別の言い方をすれば、その治療法は議論の徒や神学論争を好む者たちが一堂に会する哲学的方法ではなく、主の美徳を帯びた学者たちが歩むクルアーンの道を通してアキーダ（神学）の課題を勉強することで、アッラーの知覚へと向き合うことで実現するだろう。

この治療法はその性質からして、心をアッラーへの畏敬の念で満たし、己の気持ちをアッラーの様々な徴や数え切れないほどの明らかな恩恵の捕虜とする。そうして、アッラーを前にした「至らないという気持ち」が、どんなに修身の位階を駆け登り、善行や犠牲を積み重ねようとも常に伴うようになるのである。

アッラーのご命令に従い、アッラーに感謝してその権利を果たす上で模範とされるアッラーの御使《み》い（祝福と平安あれ）の状態を見ていただきたい。それら全ての〔理想的な信仰実践の〕あり方にもかかわらず、かの人は己を振り返ってはアッラーへの感謝において自分は至らないものとみなし、アッラーの権利を果たす上で自分はことを軽んじている、罪を犯し、無意識のうちにアッラーを意識しそびれてしまっているとみなすことで、まるで本当にアッラーに背いている罪人たちの一人であるかのように罪の赦し乞いへと急がれたものである。だからここで、至高の主へと呼びかけるかの人〔訳註：預言者ムハンマド〕の赦し乞いを聴いてみていただきたい。

「アッラーよ、あなたこそわが主であり、あなたの他に神はおりません。あなたが私を創ってくださったのであり、私はあなたの僕です。私はできるだけあなたとの誓約を守ります。私がしてしまう悪しきことから、あなたのご加護を求めます。私はあなたが私にお恵みくださった恩恵と共にあなたに立ち返り、私の罪と共にあなたに立ち返ります。ですから、どうか私をお赦しください。あなたの他に罪を赦すことのできる者はおりません。」（二八六～二八七頁）

〈世界の装飾と超常現象〉

それからイブン・アターイッラーは、この箴言の後半部へと私たちを連れ行き言うのである。「世界の表面が着飾ることになった時には、その真理が『我々はフィトナ（災厄）だから、〈アッラーの恩恵を〉覆ってはならない。』と必ず呼び止めるだろう。」

求道者たちにとって世界が着飾るとは、二つのことを意味する。

一つは、求道者のためにこの世が開かれ、身辺での享楽のきっかけや恩恵が増すことである。

もう一つは、時々本人を前に現れる超常現象を通してなど、〈神に関わる〉秘密の一部が求道者のために〈その覆いを〉取り払われることである。

悪魔にとっては、これら二つの意味それぞれにおいて腕の見せどころである。求道者をアッラーに近付こうとする道から遠ざけるため、喘ぐほど懸命にこの機会を生かそうとする。克己努力や我欲に抗うこと、彷徨って道を踏み外さないように己を振り返ることから、身の回りで増えていく恩恵の光で悦に入ることで、あるいはウィラーヤ（アッラーとの近しさ）の証や至高のアッラーの御許における位階の高さの証だと思い込む超常現象の光でもって求道者の気を引くため、懸命にこの機会を生かそうとするのである。

どれほど多くの敬虔な人や求道者が悪魔に拐《さら》われ、多心崇拝となるこれら二つの危険なことが起こることで、そうした二つあるいは一つの釣り針で釣り上げられてしまい、迷いと不幸の谷間へ突き落とされてしまったことだろうか。

ムルシド（導師）には、この世の扉が開かれ、恩恵がもたらされ、原因はどうであれ、享楽の数々が得られるようになることがある。だが、そこでその人がイブン・アターイッラーの忠告に従う人であったなら、無関心な様子で立ち止まることもなく、まさにその状態が「我々はフィトナ（災厄）だから、〔アッラーの恩恵を〕覆ってはならない。」と本当に言いそうなのを確信するだろう。

無関心な様子で立ち止まることもないとは、全身全霊でアッラーのお悦びを得ようと向かうのを邪魔立てするのを防ぐべく、己の心に愛着を植えさせないことであり、追い求める目標や誇りとする飾り、夢中になる享楽とはしないことである。（二九〇～二九一頁）

〔傲慢さと自惚れ、超常現象と段階的試練〕

では、もう一つの意味を解説しよう。

アーリム（知者・学者）かつムルシド（導師）は（そもそも知者でなければ導師にはならず、導師でなければ主のお導きを得た知者にはなり得ないが）学ぶ者かつ教える者、人々の導師としてその道を歩む中で、多くの人がやって来て、彼らがいかに自分から影響を受け、多くの人たちの導きのきっかけとなっているかを感じることで、自分はアッラーの御許において誠実な人として受け入れられていると思い、自分は神の賜物であり主の恩寵であると感じかねない。だが、もしその人が自我や我欲の危険性をよく知っており、悪魔のつけ入る隙や落とし穴を見極められるなら、そうした感情や幻想を前に立ち止まることはなく、己は出来の悪い僕であり、アッラーのお守りや覆いを常に必要としていると確信しながら、至高のアッラーに赦しを乞うだろう。

一方、もし自我の浄化やアッラーの監視感覚（ムラーカバ）を充分に得られていないのに、人々本質や核の部分からは遠いまま宗教的な言葉やスローガンと関わる人であった場合は、人々が自分の方を向いて影響を受け、自分の言葉が大衆の中で盛り上がるといった前述の状態がきっとその人を虜にし、酔わせてしまうだろう。そして傲慢と自惚れという両翼を持って目覚めさせるのである。それは全ての人間に備わっている天性の中に眠っている病に他ならない。ただ、この病は人間の中での役割によって染められることもあり、背教者や無神論者のような宗教そのものやその役割への傲慢さではなく、宗教的な役割によって傲慢になることもあるのである。

悪しきことを命じる自我については、この道において積極さをさらに増すが、悪魔はこの道を煌《きら》びやかに見せ、自分は主に導かれた偉大な導師の一人であり、アッラーに近しい敬虔な人たちの一人であると思わせ、挙げ句の果てには自分を通してさらに多くの益を得られるよう、自分の振る舞いに倣い、自分の助言に従うべく、そうした真理を弟子たちに気付かせねばならないと思い込ませるのである。

こうした振る舞いにおける積極さや自分の中に発散された悪魔的な幻想を信じ込むことで、アッラーの御使い（祝福と平安あれ）を見たという夢の話や白昼堂々とかの人を目の当たりにしたという話で自分の集まりや授業、説教などを飾りつけ、自分がいかにアッラーに近しい存在か、己の特別な状態を証明し、アッラーがそれらを通して他と区別されるような奇跡的な行いや己にまつわる超常現象を吹聴するのである。

私は何も、その人が自分に起きた出来事とすること全てを否定するわけでなく、むしろ嘘吐きとして知られていない限りは信じるのが基本である。とはいえ、ありがちなのは、自分たちのことを神に近しい状態にあると一層強く信じ込ませ、自惚れの道を通してイスティドラージュ（段階的試練）をさらに強め、その背後から破滅の谷に突き落とし、自滅の罠へと押し倒すために、ジンの悪魔たちの中にはそうした道を踏み外した傲慢な輩《やから》が宗教的な役割を通して活躍できるように仕える者たちがいるということである。

これについてのイスラームの教えに適った基準というのは、当人の敬虔さやアッラーへの畏敬の念、アッラーとの近しさの証となる正真正銘のカラーマ（恩寵）はアッラーの教えシャリーアにのっとった品行方正さであり、外面も内面も全てを改善に向かわせるアッラーのご命令に忠実であることである。[101] よってこうした品行方正さを備え、アッラーの僕《しもべ》たる特性の本質でもって己の外面も内面をも染め、その状態を不動のものとすることができたなら、その人こそ至高のアッラーがクルアーンの中で定義付けるワリィ（アッラーに近しい人）なのである。『アッラーのアウリヤーゥ（ワリィの複数形：アッラーに近しい者たち）に恐れはなく、彼らは哀しみもしない。』との御言葉の後で、『それは信じた者たちであり、アッラーを意識して恐れた者たちである。』（第一〇章六二節）と仰せの通りである。

至高のアッラーの御許における高位を敬虔な先達が証言する、敬虔な学者たちが口を揃えて言うには、アッラーのご命令やその御教《みおし》えに外面も内面ものっとるという品行方正さがない限りは、海の上を歩いたり、空を飛んだり、あるいはそれ以上に摩訶不思議な超常現象を見せる者の状態に、一切の価値はないということである。

ということも、海の上を歩いたり空を飛んだりすること以上に不思議な超常現象を起こす手助けを、悪魔がその仲間たちにしているからである。よってそれらは、悪魔の誘惑や支配を示す証にしかならない。（二九二〜二九四頁）

〔迷った時の判断基準〕

もしよくわからなくなってしまい、そうした超常現象を起こす人が真っ直ぐな人なのかそうでないのかわからない場合は、その人に帰されたり、その人によって現れたりする超常現象への立場をよく見るとよい。もしその人がそうした超常現象を気にかけることなく、周りの人にその話をしないよう繰り返さないように忠告し、折に触れて、ある人たちによってなされる超常現象は重要ではなく、それに価値などないということ、重要なのはアッラーがその使徒（祝福と平安あれ）に命じ、かの人がご自分で語られたように、その責任の重さから白髪が増えてしまったほどの恐れの気持ちを抱かせた品行方正さ（イスティカーマ）にあると念押しするようであれば、その姿勢こそその人の品行方正さの証であると受け止めてよい。そしてアッラーの御言葉《みことば》が語るように、正真正銘のカラーマ（恩寵）がもたらされているのである。

『アッラーは、信じる者たちをこの世とあの世で確固たる言葉によって安定させてくださる。そしてアッラーは、不義をなす者たちを迷わせられる。アッラーは、お望みのことをなされるのである。』（第一四章二七節）

一方、もしその人が機会ある度に超常現象を語ることで取り繕おうとし、巧妙な手段でそれを語る中で周りの弟子たちに繰り返し思い起こさせ、超常現象の種類や重要性を授業の中で語り、己の講義や説教に編み込み、アッラーの特別な扱いと支援の表れであると超常現象を通して人々の心に自分への信頼を植え付けようとする場合、その人は自我に騙されているのがわかる。人からの称賛や高い地位をこよなく愛する人であり、カラーマやマナーマ（夢のお告げ）と呼ばれるものや、アッラーの御使い（祝福と平安あれ）が夢の中で言われたとか、目の前で目覚めたまま言われたという方法を、自分のための宣伝や布教の目くらましとしているのである。

よって、もしそのような人たちの一人に超常現象が現れるのを見たならば、それはアッラーがその人にそれを通して試練を与えるというイスティドラージュ（段階的試練）であると知るがよい。至高のアッラーの御言葉《みことば》を読んだことはないだろうか。

『われらは、彼らが知らないうちにじわじわと追い詰めて与えるのである。わが策略は、確固たるものである。』（第六八章四四～四五）

このイスティドラージュ（段階的試練）は、不信仰者たちのみが受ける試練だなどと思い込んではならない。むしろアッラーは、その御教えを己の我欲や世俗的な野心のために利用する者全てにその試練を与えられるかもしれないのである。（二九四～二九五頁）

〈結論〉

これが明らかになったなら、イブン・アターイッラーが私たちをして締めくくりたい結論というのは、求道者たる者は、どんな位階にある者であれ、時としてアッラーがその人を通して起こし得る超常現象で喜ばないことであり、歓喜や関心を持ってそれに振り向かないことである。（二九八頁）

キ．アルカラダーウィー

ユースフ・アルカラダーウィー（一九二六年―二〇二二年）はエジプト生まれ、国際ムスリム学識者（ウラマー）連盟会長を務め、国際的に著名なイスラーム指導者であった。幼年以来心酔していたとされるムスリム同胞団との関係が問題視されて、一九六一年、エジプトを追放されカタルに移住した。著作数は二百冊に上るとされるが、他方カタルのアルジャジーラ局のテレビ番組に常時出演したことや、自ら開設したサイト（イスラーム・オン・ラインと言われ、フォローアー数は世界で五〇〇〇万人とされる）によるイスラーム情報の伝播の影響力も大きかった。

一般的には穏健派と目されたが、時事的な女性の社会進出やテロ問題などに関しても活発に発言した。女性のニカーブ（目は除いて顔をすべて覆う布）は、顔は恥部ではないので、その着用は義務ではなく、それは砂漠生活での砂塵を防ぐという目的であったとした。テロ一般に関しては明確に拒否する立場であるが、イスラエルに対するガザ地区のパレスチナ抵抗組織ハマスの活動は是認した。自衛手段としての抵抗運動は許されるという立場であった。他方、シーア派の勢いがエジプトで強まったことに直面した際には、それは異端であるとして激しく反発した。しかしシーア派系のヒズボッラー組織に対しては支持を表明したこともあったが、その後シリア内戦となり同組織とイランの関係が強化されるに至り、一変して非難を浴びせるに至った。また国際的なテロ事件に端を発する米軍主導の報復攻撃に関しては、アフガニスタンを支持した。

こうして意見表明のメディアも、また活躍した分野も非常に現代的であり、終始一貫して社会派の姿勢が貫かれた。その意味でアルカラダーウィーの足跡は多くの指導者と同様、時代の産物であったともいえる。他方、イスラーム世界では、ローマ法王のように世界を統率する組織化がなされていない。その中でアルカラダーウィーの広範な影響力は、好むと好まざるに関わらず、常に世界的な論争の一つの中核を提供する役割を担ってきたとも評価できる。例えば、二〇〇六年、ローマ法王ベネディクト六世がジハード批判の根拠として、ムハンマドが剣で布教したからだと述べたことについては、鋭く反論を展開した。

イスラームの思想としては、神秘主義については、それが篤信である限りは積極的に支持していた（かれの場合、直観（イルハーム）の用語は主として神秘主義思想の一環としてのみ使用されるので、かれの静穏の議論が通常の直観論に相当することとなる）。ユダヤ教徒やキリスト教徒との対話も熱心であったが、イスラエルのガザ地区に対するユダヤ人による攻撃に対しては、強く反発した。法学の分野では、二〇世紀の末頃より、いわゆる「少数派ムスリムのイスラーム法学[102]」と称される分野で注目された。世界的となったムスリムの生活地域を前にしての、工夫を論じるものである。逆にイスラーム諸国における宗教的少数派のあり方に関しても議論を進めることで、多宗教共存の道を示そうとしていたともいえる。(103)

以下の諸論において、アルカラダーウィーによる現代スンナ派の信仰と直観論を一望する。いずれの立論も、現代のものであり、さほど解説は必要としない内容であるので、安心して読み進められる。また常に広くバランスの取れた視野の下で、古典も現代の書籍も漏れなく評価した上で、自らの検討の基礎とする目配りの良さは、さすが当代随一の論客のものと頷かされる。また彼の著書に加えて、生前熱心であったサイト発信も貴重な素材であったので、心の静穏に関して短文だが一篇掲載しておく。

①信仰と天性・静穏(104)

●人と信仰

「信仰」は無視したり軽視したりできるような、片隅にある課題ではない。また忘れることもできない。それはまさしく、人間存在とその将来にかかわる問題である。実際それは将来へ向けて人間最大の課題なのだ。それは永劫の幸せ、あるいは苦悩の問題であり、久遠の天国か地獄の問題なのである。理性ある人は誰でもが考え、その真実に心を寄せるべき問題である。(五頁)…

マルキストたちは、宗教は大衆の阿片だとする。人生の障害であるというのだ。…歴史と人生の深読みをするならば、宗教は不可欠な必需品であり、それは人が安らぎ幸せになるために必要なものである。それは人の心を清浄にもする。社会全体にとっても安定し、互いに手放せないものである。それで社会は、向上し、上昇するのである。（八頁）

●信仰とは

本当の信仰とは、ただ舌の問題ではなく、また体の問題でもなく、頭の問題でもないのだ。それは心の深奥に達する心の作用であり、認識も意思も意識もすべてを包摂するものである。（一六頁）

意見と信条の違いに関して、故アフマド・アミーン教授が次のように書かれたのは、大変に的を射ている。「あなたが持つ意見と信条の違いは非常に大きいものがある。意見というのは知識の領域に入る。しかし信じたものは、あなたの血液中に流れるのだ。あなたの身体の頭脳の中を走り、あなたの心の中の深奥に浸透するのである。」（一八頁）

（訳者注：イスラーム信仰こそは）生存の謎を解いてくれ、生死の秘密を解き明かしてくれる。どこから来たのか、またどこへ行くのかといった永劫の問いに答えてくれるのである。この信条は何もイスラームで始まったのでもなければ、ムハンマド（アッラーの祝福と平安を）が創始したのでもない。それはアッラーの諸預言者全員がもたらしたものであり、清浄な信仰として諸啓典に集結して降ろされてきた。改ざんや交換など後代のものを除けば、それは発展も変化もしない永久の真実なのである。…イスラームがしたことと言えば、後代に乱入して清浄さや単一性を汚した雑物を取り除くということなのである。それは三位一体説や（アッラーへの）執り成しの発想である。アッラー以外に崇拝対象を設けたり、それに似たものを置いたり、身体性を持ち込んだりすることである。（二一九―三〇頁）

●静穏と天性

疑いもなく、心の静穏が幸福の第一の源泉である。しかしそれを生み出すのは、賢明さ、知識、健康、体力のどれでもない、ましてや金銭や資財でもない。名誉や威厳でもなく、いずれの物質的な恵みでもないのだ。しかし確信して答えられるのは、静穏には似た物のない、唯一の源泉があるのみということなのだ。それはアッラーと最後の日への信仰である。それは誠実で深い信仰であり、疑念や浮気で汚されていないものである。多様な現実と広範な歴史が証明し、開明されて公正な人ならだれでもが知っていることである。その人自身と周囲の人からも知っているのだ。

逆に、不安と狭量、そして困惑に満ちていて、些末さと失望の感覚に満ちている人は、必ず信仰の恵みと確信の落ち着きに欠けている。人生とは、いくら美味でも贅沢でも、意味が分からなければ、うまみも味わいもなくなってしまう。その目的が分からず、その奥儀が知らされなければ、そうなるのだ。そうなってから、どうやって心の静穏を得られるというのか。そして胸襟《きょうきん》を開いていられるというのか。（七五頁）

静穏の第一の要因は、アッラーが天賦された天性に、その信者は導かれるということである。この天性は、大存在全体の自然と完璧に調和がとれたものである。信者はその天性と共に、平安と調和の中に生きるのである。それは戦いや争いの中ではない。

人間の天性には、知識、文化、哲学では埋められない、虚空が存在する。その虚空を埋めるのは、信仰しかないのである。偉大で至高なる、アッラーの信仰である。人の天性は緊張と飢え、そして乾きを感じ続ける。それはアッラーを見出して、それを信じ、それに向かうまでである。そうすると疲れから癒され、乾きは収まり、恐怖からは逃れることとなる。そこに当惑の後に導きを見出し、落胆の後に安定を、そして不安の後に安堵を覚えることとなる。長い間にわたって離れていた家で家族に会うようなものだ。（七七頁）

この天性は諸国や宗教や文明の歴史を研究する人たちが、こぞって同意するところである。遠い昔から人間はいつも信仰を持ち、崇拝し、神を信じてきたのであった。ある有名な歴史家は言った。「私は歴史上に、城も工場も砦もない街を見つけても、決して礼拝所のない街は見たことがない。」長い歴史で人が逸脱をしたのは、アッラーの存在を否定し、あるいは崇拝するのを固辞したからではなかった。それはアッラー以外を崇拝することであった。または天地に見られる他の被造物を神と同列に配して崇拝したということであった。そこでアッラーが遣わされる諸預言者全員の責務は、何時の時代も被造物の崇拝から、創造主の崇拝に方向転換させることであった。(七九頁)

天性は思考だけではない。また感性だけでもない。それは思考と感性の混交物である。そして宗教は、天性全体を取り上げて、思考と感性を共に対象とする。理性と心を同時に相手とする。存在を説明してその謎を解くための正しく堅固な信条や全体的で明瞭な思考に到達するのに理性だけに頼る人は、理性でその限界と領域を越えてしまったのであり、重要な人間的側面を無視したということになる。それは感性と意識の側面であり、心の側面である。同時にそうすることで、それがなければ迷ってしまうという、必須の広い扉を自らに対して閉じてしまうことを意味する。それは啓示という扉である。(八五頁)

物質主義者にはないが、信者が恵まれる心の静穏の一つの起因となるのは、信者が礼拝や祈願によって主に呼び掛けることである。礼拝は、人の精神的な高揚の瞬間であり、その間は俗世の雑事からは逃れられる。主であり擁護者の両手に抱かれて、帰依していることを称え感謝するのだ。嘆願し、要請し、祈念して、全幅的に心を寄せるのである。至高で偉大な

アッラーと接触することは、精神の力となり、決心の支援となり、魂の安寧になるのである。（一〇三頁）

②サイト上の静穏論

アルカラダーウィーは、生前自分の「静穏と安寧」という名称のサイトで、次のように「サキーナ」について述べていた。

アッラーに依存するのは、善い果実をもたらす樹木に頼るようなものだ。精神と生活に、個人と共同体に善い果実をもたらす。一番善いのは精神の静穏、心の安寧をアッラーからもらい、それらが自分の隅々まで満ちることを感じ、人々が恐れる時に安心を、人々が動揺するときに平静を、人々が疑念を持つときに確信を、人々が不安な時に確実さを、人々が自暴自棄になる時に希望を、そして人々が怒る時に喜びを授かることだ[105]。

③運命と直観[106]

人は運命を感じる瞬間がある。人生模様の一つでもある。それを通じて、人間を超越した存在への意識を持ち、その確信を得ることもある。それが運命を通じる直観ということになる。

●運命序論

アッラーが運命を定められるというのには、四つの側面がある。

第一は、事前にすべてを知っておられるということ。細かいことも全体のことも、そして大小にかかわらず承知しておられる。しかもそれらがいつどこで、どのようにして起こるのかを御存知である（クルアーン一〇：六一、六：五九引用）。生起すると思われたことは必ず起こるし、しないと思われたことは絶対に起こらない。あるいは性質や状態になると考えられたことは、必ずそのような性質と状態になる。またあらゆる被造物は、アッラーが知られたことは何も変更できない。そうでもなければ、神の知っておられることが、御存じないままに、成り立たなくなる。

第二は、存在全体に生起することは、アッラーのお望み通りであるということ。またそれは彼が存在について全体に意図されるものであり、それからはみ出る行動も言葉もないということである（クルアーン六：一一二、二：二五三引用）。そこでムスリムたちの一致した考えは、「アッラーが望まれたことがあったのであり、望まれなかったことはなかった」ということになる。

第三は、存在全体がアッラーの創造であり、その定められた分量によるということである。

そして創造において、アッラーに並び立つものはないのである（一三：一六引用）。第四は、至高なるアッラーは、古来、以上の事柄を天の書籍に記されてきたということがある（六：三八、さらに、五七：二二、三三：六、二二、九：五、三、一五四引用）。

明らかなことは、人々に対して、生起すること、あるいはかれらが起こすことについて、すでに記されているということである。預言者（アッラーの祝福と平安を）は、イブン・アッバースの伝える伝承（原注：ティルミズィーは正しい伝承としている）において言われた。「共同体があなたのために益すると決めたとしても、それはアッラーが定められたものであり、あなたを傷つけると決めたなら、それも定められたところ次第である。そこで筆は持ち上げられ、書典は乾いた（訳者注：墨が乾いて完成した）。」（五一六頁）

イスラームにおける運命の信仰というのは、偶然や単純な運次第といった意味合いでは全くない。われわれの言うところの運命の信仰とは、神の完璧さから来るものである。…普通にあなた方が想像し、あるいは他の宗教や哲学が教えるものではなく、イスラームの神という固有のものである。それは王者の王であり、創造と命令の張本人であり、万有の主なのである。すべてを創造されて、すべてを差配されている方。その手にはすべての王国があり、かれにすべてが帰還するのである。その権能からはみ出るものはなく、その権威を逃れる生き物も鉱物も存在しない。望みのままに支配され、活動され、天地でかれから隠されるものはない。…運命の信仰とは、アッラーは全知であり、お望み通りであり、存在全体の主であることに始まり、さらに、生起することはすべて予めの整序と設計によるもので、昔からの高配と偉力大で知り尽くした方の評定次第であると信じることである。（九―一〇頁）

●運命の領域

運命の働きには、三つの領域がある。

第一には、われわれを取り巻く存在全体におけるものである。それには星々や星座の運行、風や雲の動き、降雨、日夜の別、そしてあらゆる種類の植物、鉱物、原子、太陽系、さらには驚異的な天空の偉大な展開などである。それらには高低の差や見えたり見えなかったりの別があるが、すべてアッラーの評定に拠っている。何も彼の知らないものはない。その運行でかれが把握しておらず、能力を超えたものはない。かれの定める慣行と法則によっているのであり、それらでこの望み通りの組織化がなされている。至高なるかれの知識を超えるものはないのである。（一一頁）

第二は、われわれの創造や生命に関するものである。それはわれわれのどのような意思や選択にも関わっていないものである。例を挙げよう。御自身でわれわれを創造されたが、どうしてか、またどうして人間とされたのか。また男女の別や、あるいはアラブ人であったりそうでなかったりするのか。どこを出生地とするか、いつ生まれるのかなど。白や黒の肌色の違い、知能が低いか、天才かの違い、巨人で長身かそうでないか、百歳まで生きる人もいれば、幼年で他界する者もいる。これらには回答はない問題である。主の望まれるところであり、神の与えられる分量・運命である。（クルアーン二八：六八、四二：四九、五〇、三：六、一四五、三五、一一引用）

第三は、われわれの自由意思に関するものである。われわれが選択する言動というのは、人が意思と意図を感じて、そこに権威と能力を見出すものである。例えば、飲食、許される衣服の着用、礼拝、断食、喜捨、巡礼やジハード、唱念といった崇拝行為、あるいは不倫、盗み、殺人、飲酒、収賄といった禁止事項などである。こういった事柄にも、前述の二つの領域のように四つの側面があるのだろうか。換言すると、われわれは自分に選択権があり、決定能力があると感じるものについても、至高なるアッラーの知識、古来の書籍、そのお望みと偉大な能力に依拠しているのであろうか。（一三頁）

●スンナ派の見解

（訳注：ギリシア文化の影響で論理性重視のムウタジラ派は、選択を人間世界の事柄として主による運命の確定を避けた。他方、すべては主の決定によるとするジャブリーヤ派など見られた。そしてそれ

らの仲介を果たそうとしたアシュアリー派なども登場した。）これらの間に立ったのが、スンナ（慣行）とハディース（伝承）に依る知識と中庸の一派であった。かれらは本問題に関しては、イスラーム以外の典拠には頼らなかった。アッラーの書とその使徒（アッラーの祝福と平安を）の慣行のみに依拠したのだ。…（訳注：アッラーは人の能力、意思、選択も創造されたとのスンナ派の）見解は穏健であり、典拠にも忠実である。それはムウタジラ派及びジャブリーヤ派による束縛を解放した。そしてアッラーによって軽重が定められた事柄について意思を確定し、至高なるかれによって与えられ、また可能とされた物事の分量について影響させる意思を確定する余地を人間に残したのである。[107]（一七―一八頁）

●運命信仰で最良の果実は静穏

運命の信仰で、最良の果実は精神の安らぎと、心の静穏である。確かなことは、傷付けられたことで間違いを犯すことはないし、間違ったことで傷付けられることはないということだ。その人のためにアッラーが定められた恵みを覚えないはずはないし、与えられた試練で逃れられるものはないのだ。そこで疑念の風でその人がもてあそばれることがないように、また現代の物質的西欧文明の病となった、病める不安の嵐にももてあそばれないようにすべきだ。それはまた、時代の病気とも呼ばれることとなった。運命を信じる者は、この病からは逃げおおせた。精神の癒しを堪能している。その人は安静を覚えて、偉大なアッラーはその公正さと知恵でもって、喜びを与えて、魂に嘉し並びに確信を賦与される。さらに（訳注：運命を信じない人の場合は）不安と悲しみを、怒りと疑念の中に賦与されるのだ。（八九―九〇頁）

④崇拝行為と直観(108)

礼拝や巡礼といった儀礼を通じて、直観を得ることは不思議ではない。それよりも、それらを通じて、信仰は強化されて、揺るぎないものとなる。一層の浄化であり、純化の過程とも言える。

●生活すべてが崇拝であること

教えのすべては崇拝であると、イマームのイブン・タイミーヤは述べた。生活の内と外の様式を教え、その行動や関係を教える。この神の様式に従えば、アッラーを崇拝することは生活全体を含み、あらゆる側面を組織化する。飲食、用を足すこと、国家の樹立、統治の政策、財政政策、商取引や刑罰、そして戦争と平和という国家関係の根本にかかわってくる。…これは多くのムスリムたちが知らない重要な事実を明らかにしてくれる。人によっては、崇拝行為とは礼拝、断食、喜捨、大小の巡礼、そして祈願は唱念に限定して理解してしまう。ところがそれは、倫理道徳、作法、組織や法律、さらには習慣と伝統など、すべてに関係するのである。(五一―五二頁)

●魂の求める栄養

人というものは、飲食をし、あるいは見たり触ったりする外見の包装紙ではない。人間の真価は、あの精神的な真髄にあるのだ。それでもって人は、地上の存在物の尊厳ある主人となるのだ。この真髄とは、魂に他ならない。それは偉大で至高なアッラーに対して熱心に祈る中に、生涯と清らかさを見出す。そしてアッラーへの崇拝行為はこの魂に対して、栄養と成長を与え、日々過不足なき糧を提供するのである。…人の心は何時もアッラーを必要としている。それは誠実で原初的な感覚であり、その空虚部分は存在の主との良い関係でしか埋められないものである。これを正しい崇拝行為で実践するということになる。(九六頁)

(以下の段落は、多数のクルアーンの引用を含む、九九―一〇二頁をまとめたもの)崇拝行為により満たされるものとしては、心が元来求めている完璧さ、その完璧さから来る信頼感、現世の欺瞞から来世の喜悦の世界への移行などが挙げられる。それらは心の喜びの感覚であり、崇拝行為は服従や命令の執行ではないということ。厳しい中にあっても、精神の静穏を見出すこととなる。

●礼拝の果実

イスラームが望む礼拝とは、舌でするものでなければ、また身体だけでするものでもない。頭の中を整えて、心がこもったものでなければならない。それはガチョウがつついたり、カラスがバタバタさせたり、キツネが集まってくるのとは違う。まともな礼拝とは、瞑想、畏怖、荘厳で偉大な絶対主に近づくといった当然の内実を伴うものでなければならない。（二二四頁）

イスラームが求めている本当の礼拝は、信者に対して魂と精神的な力を与え、生活の苦労と現世の苦難に立ち向かわせてくれる。（二‥一五三引用）…礼拝において、信者は静穏、嘉し、そして安寧を覚える。アッラーは偉大なりと唱えることから始める礼拝により、現世で導く何よりも、そして何ものよりも、アッラーは偉大であることを感じさせる。（二三〇―二三一頁）

●断食の果実

アッラーは人間が本能の権力から解放されるために、断食を義務付けられた。身体の牢獄からの出所であり、野望の傾向に勝つためである。動物的な側面を乗り越えて、天使のようになるためである。断食する人の魂は高揚し、天使たちに近づくのである。祈願によって天の扉に近づいて、それが開くのである。主を呼べば答えられ、そこで言われる。「わたしの僕よ、あなたに侍ります。」（二八八頁）

●巡礼の果実

巡礼はイスラームの崇拝行為の中でも、最も多様な儀礼を含んでいる。そしてその知恵の詳細は、確かにはまだ知られていない面があるくらいだ。他方同時に、この巡礼はムスリムの個人的であれ、全体としてであれ、その生活における諸崇拝行為の影響を明らかなものにした。そうだからこそ、クルアーンでアッラーは言われている。「人々に、巡礼するよう呼びかけなさい。かれらは歩いてあなたのところにやってきます。またすべての痩せたラクダに乗って、あらゆる深い谷間からやってきます。それは彼らが自らの御利益にあずかり、かれ（アッラー）がかれらの糧として与えた家畜に対して定められた日々に、アッラーの御名を唱える（犠牲の）ためです。」（二二：二七、二八）…

実に巡礼は、巨大な霊的貨物であると言える。ムスリムはそれに糧を得るである。その心は神に対する畏怖と篤信で満たされ、帰依は揺るがないものとなり、間違いを悔い改め、アッラーと預言者（アッラーの祝福と平安あれ）、それから支援し支持してくれた人や降ろされた光に従っていた信者たちに対する愛の感情から滋養を得る。どこであれ、信徒の兄弟への感覚を持つこととなり、その胸には教えに対して情熱の燈明としてともされるのだ。また禁じられたものへの強い関心も持つこととなる。…旅から帰るとその人の心はより清浄となり、行動も間違いなく、善行への強い決意、そして悪の誘惑を前にしてより堅固となる。…

こういった霊的感覚的な貨物は、人の目に見えない成り立ちを大きく揺さぶり、本当に別の性格を獲得することになる。それはあたかも生まれたての清く穢れを知らぬ新生児に戻されるということ。預言者（アッラーの祝福と平安を）は言われた。「巡礼した者は、恥ずかしい行為や罪深い行為をしないで、母親から生まれ出た日のように、その諸罪を拭うことになる。」（三〇二—三〇三頁）

【註】

(56) イブン・アルジャウズィー『黄金期イスラームの徒然草』水谷周編訳、国書刊行会、二〇一九年。以下の随筆は、同書六七—一二〇頁より、適宜抜粋した。それらの典拠はすべて、翻訳の底本の頁数を示して記載されている。なお随筆の表現が古風で、イスラーム的であるため、その文意がくみ取りにくい個所は（　）で言い直し、また項目ごとに【註】を付して解説した。

(57)以上の生涯概説は、ガザーリー著『導きのはじめ』前野直樹訳註、日本サウディアラビア協会、二〇一一年。解説第二章（一三六―一四七頁）より適宜加筆、要約した。

(58)翻訳の底本は、Abu Haamid Muhammad al-Ghazaali, Ihyaa` *Uluum ad-Deen*, Jidda, Daar al-Minhaaj, 2011. 一三～一九頁、六七～七三頁より摘訳した。原書での小題は、「ナフス、ルーフ、カルブ、アクルの意味解説～」の順となっているが、本書ではそれぞれの文言の登場順に合わせている。

(59)`Aalam al-Mulk wa as-Shahaadah. 別名「名称の世界（`Aalam al-Asmaa）」とも呼ばれる、感覚的に認知可能な世界のこと。

(60)「顕示」は唯一の神によって明らかにされるものを言い、「対応」は第三者（神や他人）との対応や接し方のことである。前者は神に与えられるものであって人間に選択や行いの余地はないが、後者は「生前お前はどのように対応したか」と裁きの対象となるため、人間の善処が求められるものである。

(61)伝統スンナ派イスラーム学では、天使が人間に化けて預言者ムハンマドと「イスラーム」「イーマーン」「イフサーン」について問答をするハディースを典拠とし、信仰の表面的な言動に関する学問をフィクフ（法学）、内面的な信条に関する学問をアキーダ（神学）、両者を結び付けて実践へと昇華させる心に関する学問をタサウゥフ（心学）と併置して三本柱に据え、重要視する。なお、タサウゥフは多くの場合、スーフィズムとも訳される。

（62）預言者ユースフは絶世の美男子で、ファラオの妻との間の不倫疑惑騒動が背景にある。「自我は悪しきことを命じるもの」という言葉を誰が言ったかについては、クルアーン注釈学者の中でも二通りの見解に分かれているため、「または」とされている。アッタバリーらは預言者ユースフの言葉として、アッラーズィーらは預言者ユースフまたはファラオの妻の言葉としている。いずれにしてもこれを典拠とし、自我といえば悪しき自我のことを意味する説である。

（63）アブー・ダーウード・スンナ集四二九一。

（64）Ibn Qayyim al-Jawziya. *Asmau Muallafat Shaykh al-Islam Ibn Taymiya* . Dar al-Kitab al-Kabir. Beirut. 1983.

（65）前掲書『日訳サヒーフ・ムスリム』第三巻、五八一頁

（66）*Ibn Taymiyya Expounds on Islam*, transl. by Muhammad Abdul-Haqq Ansari, al-Imam Muhammad ibn Saud Islamic University, Riyadh. 2000.p.314.　イスラームの信仰、生活、そして社会についてのイブン・タイミーヤの選集、ムハンマド・アブドルハック・アンサーリによる編纂と翻訳。

（67）Ibid. introduction.p33. これは編纂者アンサーリによるイブン・タイミーヤの考えの解説である。

（68）Ibid. Ibn *Taymiyya Expounds on Islam*,. p.6.

（69）Ibid. p.364.

（70）Ibid. introduction.p60. これは編纂者アンサーリによるイブン・タイミーヤの考えの解説である。

（71）Ibn Taymiya, *Kitab al-Iman*,（信仰の書）al-Makutab al-Islami, Beirut,1996. p.8.

（72）Ibid. Ibn *Taymiyya Expounds on Islam*, p309.

（73）Ibid. p312.

（74）Abdul-Rahman al-Nahrawi, *Ibn Taymiyya*, Dar al-Fikr, Damascus, 1986, p.81.

（75）Ibn Taymiya, *Majmuu fatawa Shaykh al-Islam Ahmad Ibn Tamiya*,（イブン・タイミーヤ・ファトワー全集）Ministry of Islamic Affairs, Dawah, and Guidance, Saudi Arabia, 2004,Vol.13. pp230-269.

（76）Ibid.Vol.10, pp582-583.

（77）善行に対する来世の報償を知らせることなど。

（78）悪行に対する来世の罰を知らせることなど。

（79）原義は訓戒するものであるが、解釈ではその働きを考えて「内なる声」との訳をあてた。

（80）Ibid.*Majmuu fatawa*.Vol.10, p475.

（81）法的推論の方法の一つであり、イスラーム法学者が何らかの合理的な根拠に基づいて，類推と比較してより良いと考える結論をとる方法論である。

（82）Ibid.Vol.10, pp476-477.

（83）Ibid.*Majmuu fatawa*.Vol.3, p392.
（84）ティルミズィー・スンナ集三一二七。
（85）Ibn Taymiya, *Dru Taarud al-Aql wa al-Naql*,（理性と伝承の対立解消）al-Imam Muhammad ibn Saud Islamic University, Riyadh,1991. Vol.8, p.518.
（86）Ibn Taymiya, *Majmua al-Rasail al-Kubra*,（大論文集）Dar Ihyai al-Tutath al-Arabi, Beirut,2008. Vol.1, p.51.
（87）Ibid.Vol.1, pp.55-56.
（88）Ibid.*Majmuu fatawa*,Vol.10, p91.
（89）Ibid. Vol.10, p.96.
（90）Ibid. Vol.10, p.98.
（91）Ibid.Vol.10, p.137.
（92）『イスラームの天国』水谷周訳著、国書刊行会、イスラーム信仰叢書第三巻、二〇一〇年。
（93）*Al-Majmuu al-Qaiyim min Kalam ibn al-Qaiyim*, ed. Mansur bin Muhammad al-Muqrin, Riyad, Dar Tayyiba, 2014. 2 vols. 6th print.
（94）アルジャウズィーヤの著作には、*Jaamiu al-Aadaab*（作法全書）、Beirut, Dar ibn Hazm, 2002. という倫理道徳に加えて、礼儀作法も加味した全四巻の大著もある。
（95）クルアーンの繰り返し論法については、「繰り返し論法と同心円構造」、前掲書『クルアーンーやさしい和訳』、六一一―六一六頁。

(96) アブー・フライラ伝として、預言者伝承にある。『イスラームの預言者物語』水谷訳、国書刊行会。二〇一〇年。イスラーム信仰叢書第二巻、一二六―一二七頁。この話は現代でも動物愛護の事例としてしばしば目にするが、右伝承では娼婦ではなく少年が登場する。

(97) 時代背景に関しては、水谷周『イスラーム現代思想の継承と発展―エジプトの自由主義』国書刊行会、イスラーム信仰叢書第九巻、二〇一一年。

(98) アフマド・アミーン『アフマド・アミーン自伝』水谷周訳、第三書館、一九九〇年。四三頁、八八頁。

(99) 前掲書『現代イスラームの徒然草』。第二章「宗教論」六五―一七八頁より随所抜粋。各論考の出典は大半がエジプトの学術誌であるが、同書に個別に記載されている。

(100) 第二〇の箴言は、M.Saiid Ramadaan al-Buutii, Al-Hikam al-`Ataaiiyah Sharh wa Tahliil, Damascus, Dar Al-Fikr 2000. ムハンマド・サイード・ラマダーン・アルブーティー『イブン・アターイッラーの箴言集～解説と分析』、ダマスカス、ダール・アルフィクル、二〇〇〇年。二八二～二九八頁より摘訳した。

(101) 傍線は筆者によるもの。

(102) アルカラダーウィー『マイノリティ・ムスリムのイスラーム法学』日本サウディアラビア協会、二〇一二年。一〇四―二四六頁所収。松山洋平訳、原著はアラビア語。

（103）Yusuf Al-Qaradawi, *Ghair al-Muslimin fi al-Mujtama al-Islami*, al-Qahira, Dar Wahba, 1977.
（104）この部分は、Yusuf Al-Qaradawi, *Al-Iman wa al-Haya*, Beirut, Muassa al-Risala, 1991. より摘訳した。
（105）Yusif al-Qaradawi, al-Sakina *wa al-Tumanina*, http://www.qaradawi.net/articles/86 二〇一四年二月二七日検索。二〇二二年、同人の死亡後、このサイトは閉鎖された。
（106）この部分は、Yusuf Al-Qaradawil, *Al-Iman bi-al-Qadar*, Beirut, Muassa al-Risalta, 2001. より摘訳した。
（107）いわゆる信仰六カ条は、アッラー、見えない存在（天使など）、諸預言者、諸啓典、運命、そして天命である。「アッラーによって軽重が定められた事柄」や「かれによって与えられ、また可能とされた物事の分量」というのは、総合的な全体の「天命」に相当する。その「天命」の範囲内で信者は意思を確定するというのが、「運命」ということになる。水谷周『イスラーム信仰概論』明石書店、二〇一六年。四〇—四七頁参照。
（108）この部分は、Yusuf Al-Qaradawi, *Al Ibadat fi al-Islam*, al-Qahira, Maktaba Wahaba,, 1985. より摘訳した。

四、執筆者の見解

本書の執筆者三名自身の直観の経験と各自の所見を本章で記すのは、読者方々に生の情報として有益かと思われる。さらに刑務所内という特殊な環境ではあったが、それだけ鋭くも衝撃的な事例を特別に寄稿してもらった。それも同様な目的である。

宗教信仰は頭でする理論ではなく、生きる中での直接体験であるので、各人各様の実態が伝われば幸いである。

ア．私とイスラームの信仰直観　　水谷　周

イ．個人の体験から導かれし道のり　　森　伸生

ウ．直観による導きと惑いの経験を通して　　前野直樹

特別寄稿　イスラームの衝撃と直観　　乾　修

ア．私とイスラームの信仰直観

水谷　周

＊「信仰部屋」の予約

七五年ほどの人生を振り返ってみて、その初めから宗教に取り囲まれてきたと言える。そしてそれ以来、濃淡は時期によるが、その中で色々蠢く日々を送って来たのであった。生まれは平安時代以来の京都の古い寺院で、九歳で得度を受けさせられたのが事始めである。その師匠は当時の仏教学者で京都国立博物館館長という、鳴り物入りであった。宗教が身の回りにあるのは当然過ぎるくらいだった。

しかししばらく経って物心がつき始めると、周囲の人たちの寺院離れが気になるようになってきた。祭りの数は減るし、檀家の熱意の衰えが少年にも肌感覚で伝わって来ていた。それは心の痛みでもあった。もちろん当時は日本経済復興の最盛期となり、東京オリンピックの成功などに湧いていた。そういった社会の動向にも、何かしっくりこないものを感じ、物質優先のあり方には情けない、恥ずかしい思いをもって見ていた。大狂騒となった大阪万博は、会場が近いのに一度も足を運ぶことはなかった。

たまたま高校生の交換留学生となり、一年間米国に滞在する機会を得たが、卒業のペーパーの題目は「日本仏教における座禅について」というものであった。当時はもちろんパソコンもなく、一字ずつタイプライターで作文した。しかしそれを読んでくれた指導の先生に、少し分かったよ、と言われた時には、これで留学の課題も果たせたと安堵した。つまりそれほどに宗教が優先課題だったのだ。また通っていた学校は公立だったが宗教の時間があり、政教分離の下で、それは各自が自分の教会に行く自由な時間という制度になっていたのには感心したものであった。

人と接するときには常時その人の信仰への天性（仏教では仏性と呼ばれるものに相当）を信じ、それを喚起させるように接するべきだという意識がいつも優先していた。人々はそれに対して、いずれは前向きに転じてくれるものと初めから決め込んでいたということだ。しかしそれはそうでもないと改めて気づいたのは、人生も後半に入ってからであった。それはもう手遅れのタイミングであり、自分の発想や頭造りを根本から入れ替えるような技は難しいものだと思っている昨今である。

好むと好まざるを問わず、宗教信仰ということへの心と頭造りが幼少の頃より仕上がっていたということになる。つまり「信仰部屋」という名称の部屋が心の中に出来上がって、用意されていたようなものである。どこへ行っても、その土地の宗教がまず気になるのである。

この部屋が予約されて、何時も準備されていたことが、やがてイスラームに入信する自然な準備になったと思い起こされるのである。

＊直観の降ろされる瞬間

行きどころのなくなったような日本の宗教とは異なり、元気一杯で教勢盛んだと思えたイスラームのことを学びたいと考えるようになっていた。そしてそのような機会を得ることができたのは、今思い起こしても、真に魚が水を得たといった様子だったに違いない。

海外生活の機会は、中東のアラブ諸国はもちろん、欧米や南米も含まれていた。どこへ行っても、その土地の宗教が一番先に気になった。米国といっても、モルモン教のユタ州では宗教意識が高く、諸宗教の良い競争関係さえ感じられた。町全体に宗教色が溢れているのは日本で言うと、奈良県天理市に似ていると一人感心したものである。あるいは話は飛ぶが、長野県の諏訪市も同様だった。諏訪神社のお宮さんが、市内のあちらこちらに散在しているのは、全体で言うとイスラームの本拠地である、サウジアラビアのマッカに本当に酷似した雰囲気なのである。あるいはブラジルでは、あのサンバで有名な土地柄にあって、イスラームが根強く命脈を伸ばしていた。その生き様は貴重だと思い、紹介の雑誌記事や学術論文にもまとめた。(109)

こういう中で自分自身がイスラームに入信する日が近づいていた。それはエジプトのカイロで学んでいた時であるが、どうしてムスリムにならないのかと、アラビア語の先生や友人に聞かれて、それはそうだということになったのであった。つまり自然な展開であり、何の変哲もない状況の中で、そのような次第になった。言わばそれは、気が付いてみると、予約された「信仰部屋」に、アッラーがもうそこに入っておられたといった格好であった。(110)

こういう自然現象のような「直観」もあるということになるのだろうか。それは恐らく、イスラームの扉を開けたり閉めたりする期間がすでに何年か経っていて、意識して開門ということになったのが、最終段階ということなのであろう。そんなプロセスが果たして良いのか悪いのかはいまだにはっきりしないが、何もはっきりさせなければいけないということもないと思っている。

それ以来、心の安寧と来世へ行く際に体感し実見できるという荘厳さというものを、縦横に堪能させてもらっているのは、誠に有り難い、の一言に尽きる。それは現世と来世の両世界に両足の軸を置いているような感覚である。この世の多様な事柄が、そのまま来世との関係の脈絡の中に置き直されて、理解し直すことができるということである。それは人との交流や、種々のやり取りの中で、それら一つ一つをどう受け止め、自分としての整理をしているか（慈悲、誠実、忍耐、感謝、信頼関係などなど）といったことを指している。

このような新たな視座を得るのは、やはりどういう経過であっても、「直観」という、心が脱皮する過程のお陰だと思わざるを得ない。それが「直観」の実態なのだという感想である。硬い表現を用いるとすれば、それは新たな価値世界への飛翔であり、開眼である。

＊日本という修羅場

「直観」という用語に躊躇させられるとすれば、なかなかそれを得る機会に恵まれない人が相当数おられるということである。得ようとして得られないのか、そもそも得ようとしていないのかも知れない。しかし得ようとしないままに、自然とそれがやって来るケースもあるのだから、やはり不思議なものだということになる。要するに、筆者の経験からしても、人それぞれに「直観」のスタイルがあるのであって、そのような好機、つまり恩寵が降ろされるのを辛抱強く待つしかないということになる。

それにしても、日本に居ながらにしてそれはそう容易でないことを思うと、日本は宗教上の修羅場であると言えるのだろう。だからその障害を克服する方法は何かということは、筆者の脳裏をいつも駆け巡っている問題である。

一番の良策は、救いであるのか、道であるのか、人の求めるものはさまざまであるとしても、そういった自分の心の高みを目指す気持ちを維持し育成しようとすることではないだろうか。それはいわゆる求道の精神ということになるが、そう固い言葉に拘る必要はない。日々の目前の必要や人からの請求だけに振り回されないで、自らが一層の高みを志すという気持ちである。こういったことが個人的な眼覚めや努力だけで達成できるのかどうかは、これもケース・バイ・ケースであろう。しかしそのような気持ちの蠢きを大切にしようということは、誰しも初めから準備できる心構えであるはずだ。

そのためには、「祈り」というものを生活の中にもっと取り入れていいのではないかと考えている。望みどおりになるかならないかは、それは自分を超えた領域の事柄であり、そこまで心配する必要はない。ただお願いしてあれば、気が落ち着くし、整理されるだろう。それは電車に乗っている間でもいい。相当それは有益な時間の過ごし方になるはずだ。

自然美を愛でる時にも、その背後に働いている超越的な力を感じることもあるだろう。いろいろの儀礼に参加してみることもいいかもしれない。また日本の墓参りや初詣も宗教であることを知るべきだ。筆者は月例会の勉強会を開催している。「信仰と人生を語る会」という名称だが、何時も熱心な参加者を得て、一歩ずつの前進を実感している。

さらには、日本全体が襲われている宗教アレルギーという国民病の深刻さをしっかり認識することもある。無宗教とも言われる今の日本社会は特殊な時代状況なのであり、従ってそれを当然で自然であり、あるいは世界的にも普通だと誤解しないこと。人類史上の大きな精神的資産である宗教の果実を全幅に満喫しないでやせ我慢する必要はない。そんな淋しい、貧しい選択を、われわれはもう十分してきたのである。

もう一つ上げるとすれば、科学偏重という敗戦後の風潮も見逃せない。それはほとんど科学一神教に近いものを感じさせる。科学の問題点は、人間を要素還元の手法でしか見ないために、それを骸骨化してしまうということである。そぎ落としてきたのは、人の血や肉である感情、倫理道徳、意志力など、従来の実証の手法では排除されてきた主題である。

しかしそれもようやく限度が近づいている。主客相まっての曖昧科学という分野も開かれつつある。同一の方程式に同一の初期値を与えても、何時も同一の結果をもたらすわけではない、というカオス理論も提示されている。要するに科学者たちにも、戸惑いが見られるということになる。(11)

以上は宗教的な直観達成一般の障害であるが、イスラームに特化するとさらに課題は増幅するということになる。簡単にはテロ事件などで、印象が良くないという一時的で表面的な事情が直ちに指摘されるだろう。だがより根の深い問題もある。

第一に、日本でしきりに目にする表現は、「イスラームでは」という言葉である。筆者も時に使っていたので、罪の意識がある。その表現は、イスラームが一言でまとめて把握できるという前提に立っているということが問題なのである。日本で「仏教では」という表現にまず御目に掛ることはないだろう。それは日本人にとって、仏教の長い歴史やその地理的思想的な幅の広さと奥の深さが身に浸みて了解されているからである。ところがイスラームに関してはそうではない、ということは、それが小さく見られているということになる。巨象を前にして、子犬と同様な感覚で眺めているとすれば、それは自分で理解を困難にしているということになる。

またイスラームの基軸である、アッラーという絶対的な創造主という抽象的な存在に感覚的になじみにくいこともあるだろう。抽象的な思考や概念化に弱いのは日本の伝統かも知れない。とにかく、語るほどの哲学史は明治以来しかない。より感覚的で、大いに情緒的な把握に日本は才覚を発揮してきた。

*信仰学の開拓

それでは何をどうすればいいのか？　再び敗戦級の大手術は想定できないとしよう。ということは、一人一人に出来る範囲で戦うしかないという結論である。できる限り「信仰部屋」の扉を叩く新人を増やすことである。

このような中、筆者が重視するのは、信仰を巡る学術研究の開拓である。それはあたかも腫れ物に触るように、踏み込むべき領域ではないとされてきた。その当たりの事情は本書の初めにも言及してある。一端研究者が一つの立場を取ると、中立性が失われるという説明がされてきた。

しかしそれに関しても、科学一神教克服と歩調を合わせて、宗教研究の幅の拡大という視点から、諸外国でも呼び掛けが始まり、徐々に着手されているのは、喜ばしい限りである。またそれは必要だから、叫ばれているのである。信仰学という基盤を宗教信仰が、そして人間の本性が求めているのである。なぜならばそれは、信仰が感傷的な問題ではなく、人間の生存に必要な確固たる信念確立の問題であるからだ。その信念をより客観的な分析と議論の俎板に乗せようということであるからだ。

本当は、このように何も肩に力を入れる必要はない。以上を淡々として実践するだけのことである。さらには、日々、素直でまっすぐな道を歩む尽力を継続していることこそ肝要であり、それしかないということではないだろうか。それに気付くことも、「直観」である。イスラームはそのように説いていると、筆者には理解されるのである。

イ．個人の体験から導かれし道のり

森　伸生

子供時代の体験

小学校低学年の頃、ある朝、目を覚ますと、全く体が動かない。目と口は動く、耳も聞こえる。しかし、頭は動かせない。両手、両足も動かない。とにかく、動かない。親が、早く起きなさいと大きな声で言ってくるが、体が動かないと答える。両親がなかなか信用してくれない。早く起きなさい、学校に遅れるよ、と大声で言ってくる。それでも、起き上がらないので、両親もことの大変さに気づいた。それから、家の中は大騒動であった。体をゆすってもさすっても全く動かない。医者に来てもらったが、結局、原因不明のまま時間は過ぎていった。

昼過ぎ頃になって、祖母が神社の巫女《みこ》さんのことを思いつき、相談に行き、巫女さんに来てもらった。巫女さんは私の体を見てさするが、一言、昨日はどこで何をして遊んでいたかなと、問うてきた。私は、昨日の出来事の一部始終を話した。学校から帰ってきて、仲間と一緒に裏山に遊びに行き、帰りは裏山で並んでいる石を踏み台にして、石の上を飛び歩いて帰ってきたことを伝えた。

巫女さんはすべてを納得したのであろう。私を寝かせたままにして、何かを唱えながら、お祓い棒を頭から足までふるいながら、お祓いをしてくれた。どれぐらいの時間がたったかは記憶が定かではないが、一応の儀式が終えて、巫女さんはさあ、立ってごらんと言った。私はその言葉につられて、すくっと立ち上がることが出来た。私自身も家族も歓喜の声を上げていた。巫女さんはやおら話をし出して、説明してくれた。昨日、裏山で遊んだ場所は以前に墓場であったので、その墓石の上を飛び跳ねて帰ってきたところ、そのままそこにいた霊にとりつかれて帰ったきたというのである。そこで、巫女さんが除霊の儀式を行って、霊を取り払ったので、動けるようになったと言うことである。今後、そのような墓石などを踏みつけないように、気をつけなさい、ときつく忠告された。

大変な一日であったが、強烈な印象が残った一日であった。それからというもの、墓場などを訪れることは非常に怖くなってきた。中学、高校となっても、夏休みなどにクラブ仲間が肝試《きもだめ》しなどといって墓場で遊ぶことがあったが、決して参加することはなく、怖がりだなと言われていた。目に見えない世界が存在していることを実感した身にとっては触れたくない世界であり、分からない世界であった。それだけに不安であった。

家は浄土真宗の家風であったが、どこの家でもあるように仏壇と神棚が備えてあって、常に朝晩の祈りを二ヵ所にするのが習慣となっていた。拝むのを忘れることがあろうものなら、非常に不安な気持ちになったものである。

イスラームとの出会い

そのような日々を過ごして、いよいよ実家を離れて、上京して大学にてアラビア語を学んで、イスラームを知ることになる。人生の転機が訪れようとしていた。アラビア語を習得するためにアラブへの留学を考えた。留学の第一条件がイスラーム信徒であったので、留学するためにはイスラーム信徒にならねばならなかった。イスラーム信徒になるのにそれほどの抵抗はなかった。

拓殖大学四年生の時に、トルコ人のイマーム・アイナン・サファー老師の前で、旧東京モスクにてイスラーム入信宣言を行った。入信の儀式を終えて、おもむろに同老師はおだやかな口調でイスラーム信徒になったことを祝福して、色々とイスラームの話をされ、そのさいごに「イスラーム信徒になったならば悩みはなくなりますよ」と教えてくださった。当時の私にはその意味するところが分からないままに、時が過ぎ去っていった。結果的に、マッカの大学で学ぶまでに二年近くかかった。その間に、東京モスク、日本ムスリム協会にて、先輩方とともに礼拝を行い、クルアーンを学び、イスラームの教えを受けていた。礼拝も徐々に体になじんできた。クルアーンも礼拝に必要な箇所を覚えることが出来た。そのような中で、気に入っていたのは、ファーティハであり、とくにクルアーンを読書する前に唱える「アウーズビッラーヒ、ミナッシャイターニラッジーム」（惑わすシャイターンからアッラーにご加護を乞い願う）である。上京してから、神仏に祈る機会を失っていたところに、イスラームの祈りを手に入れることができた。分からないままに、護られている気がした。電車に乗るときも、困ったと思うときも、弱ったなと思うときも、それで乗り切ったような気がする。確実な信仰への道の始めではないかと当時を振り返って思う。

入信の儀式を終えて、一ヵ月後に、初めてエジプトに旅行した。色々な思い出があるが、特にタクシーで交通事故にあった時のことである。当時は喫煙していたので、タクシーの中でたばこをすっていたが、たばこを消した直後に、車と衝突して、乗っていたタクシーは横転してしまい、背中にガソリンがかかってくるのがわかった。当時を思い起こして、たばこを消していて助かったと思うと同時に、その後、イスラームを学ぶ今の人生を与えられたと感じた。

マッカの大学での体験

拓殖大学卒業とともに、恩師の計らいによって、サウジアラビア・マッカに在るウンムルクラー大学へ留学した。待っていたのは、気温四〇度を超える気候と、厳しいイスラームの生活であった。毎日五回の礼拝は時間通りに行われる。大学生活にも、信仰生活にもなかなか慣れなかった。それでも大学のイスラーム仲間は気長に私がイスラームを理解していくのを待っていてくれた。しかし、入信動機が単純そのものであったことから、この入信動機の軽さは留学してからも、自分の中で何となくわだかまりを作っていた。

大学では、クルアーンとハディースの解釈が毎日毎日行われた。一ヵ月が過ぎ、半年が過ぎて行くうちに、徐々に、クルアーンの一語一語が明らかにされてきた。イスラームの意味が解りかけてきた。神に全てを委ねるとはどんなものかが、ぼんやりと解りかけてきた。礼拝を始めとして、それぞれの行によって必ず正道に導かれるのである、とすんなりと理解できるようになってきた。

そんな中で、入信の時にいただいた老師の言葉がふと甦ってくることがあった。未だ悩みは尽きぬが、その真意が分かりかけてきた。ハディースに「信仰には七〇以上、もしくは、六〇以上の部分がある。その最善なるものは、アッラーの外に神はないと証言することであり、最も小なるものとは道路から邪魔になるものを片付ける行為である。羞恥も信仰の一部である」とある。信仰のすべての部分が完成したときに、悩みはなくなるのであろうと分かった。その逆に信仰に欠けている一つ一つが悩みとして心に残ってくるのであろう。信仰の構成部分とは何なのか、明らかにされていないが、日々の生活の中で見つけていくことになる。そこで、預言者は最も簡単な行為を示されており、それに倣って信仰の完成に努めるように促していると思われる。

また、ある時、イスラームの長老が、「入信の動機は何でもよい。お金をあげれば、イスラームになると言うのであれば、お金をあげなさい。イスラームへ改宗させようと、どのように人が働きかけても、結局は、アッラーの導きがなければイスラームにはなりません。だから、なってからが大切ですよ」と話してくれたことがある。その言葉はそれまで私の中にわだかまっていたものを一掃してくれた。心がすっきりと、晴々とした。そうなれば、後はマッカでの生活は楽しいものであった。自分から礼拝を好み、祈りを行うようになった。カアバ殿の周囲を廻る周礼の行を頻繁に行うようになった。

巡礼も毎年行った。巡礼は一生で一回で良いものを、贅沢なものであった。大学でのイスラーム学の授業が面白くなってきた。外国人専科、イスラーム神学科を卒業し、瞬く間に通算九年間のマッカ生活が終わってしまった。慣れ親しんだ、第二の故郷となったマッカを、とうとう去らなければならない時が来た。だが、イスラーム世界から離れるのに不安があった。果たして、日本でイスラーム生活ができるであろうか心配であった。しかし微力ながら、日本にてイスラームを知らせることは私の義務と理解していた。大学の友人達に見送られ、マッカを後にした。

日本で伝えるイスラーム意識

帰国後、拓殖大学にてアラビア語講師として勤める機会を得ると共に、イスラーム活動に従事した。マッカ出発前には不安であった日本での生活も、イスラームの生活ができると確信した。

イスラームについて語る機会が増えた。マッカの生活体験の中から話すことを心がけていた。夏休み休暇で実家に帰ったときも、家族に話す内容は寮生活ばかりであった。ある時に、父にこんな話をしたことがある。同室のインドネシア人留学生に月末になると、いつもお金を借りに来る留学生仲間がいる。奨学金は同じなのだから、貸すこともないだろうと、同室の留学生に言ったことがある。すると、彼は、そうはできない、私が持っているのに、貸さなかったならば、来世でアッラーになぜ貸さなかったのかと問われて、答えようがない、と言ってきた。二〇歳前後の若者の言葉である。その話を聞いた父は、なぜそんなことが言えるのか、今の日本人の若者にそのようなことが言えるのはなかなか居ないのではと驚いていた。私は、それはイスラーム社会が若者を育てているからだと思うよ、と答えると、父は一応の納得を示していた。

学生寮の仲間から他にも多くのことを教わった。その一コマを紹介したい。日本人が寮に住むことになり、すぐに寮生のサウジ人学生が歓迎して寄ってきた。サウジ人の肌の色は一般に褐色であるが、アフリカ系黒人もいる。そこで褐色サウジ人が友人を紹介すると言って、黒人サウジ人を「ヤー、ブラックマン、こっち来いよ」と呼ぶ。さすがにその時はあせって、「そのような呼び方してはダメだよ」とたしなめると、彼は「黒は黒だよ」と言って気にしていない。そこへ、件のサウジ人が「僕、ブラックマン」と陽気に応えてやってくるのには、驚いた。イスラームの教えに人種や肌の色で差別はないことは知ってはいたが、さすがイスラームだと感心したものだ。

別の一コマを紹介する。学生寮の門番は出稼ぎのイエメン人で、二〇代半ばぐらいであった。親しくなって、話している時に、ふと彼の手を見ると、指の数が多いように思うので、思いきって、「指の数何本あるの」と聞いたところ、彼は誇らしげに、「ああ、これね一本多いんだ、六本だよ」と言って、小指の脇に伸びている小さな指をかわいげにいじっていた。そして、「これだけではないよ、両手両足についているよ」と言って見せながら、「まあ、皆は五本だけど、俺には六本だ。アッラーからの贈り物だよ、アッラーの定めたとおりになるだけさ」とにこやかに笑っていた。切り取ってしまうという発想はないようで、それよりもアッラーの定めを受け入れる姿が見えてくる。(112)

彼らと付き合う中で、イスラーム社会の精神的豊かさを常に感じさせられたものである。その生活の根底には常にアッラーの存在があり、アッラーに加護を求め、恵みに感謝する姿がそこにある。

日本でイスラームについて語るときに、他の宗教の教義などと比較されて、そこから質問が出てくることがある。最初に伝えた子供の頃の話にしても、死後の霊が浮遊していることなど、イスラームではどのように考えるのであろうか。イスラーム教義の中では、目に見えない世界に存在するのは、アッラーの他に天使、悪魔、ジンなどであるが、死後の霊は個人の死後、最後の審判のために復活するまで魂がとどまる場所（バルザフ）に行くとされており、人間にいたずらをするとは出てこない。私が学んだ教義はあくまでも真っ直ぐな教科書的な内容であるが、この世はクルアーン第一章にあるように、諸世界の主に賛美するのであり、私たちが知ることが出来ない世界が多々あり、教科書以外のことが起こりえると理解することも必要かと思っている。

いずれにしろ、子供の頃に感じていた目に見えない世界の存在に対する恐怖が全くなくなり、アッラーの存在、天使の存在などを知り得て、落ち着きや安らぎを感じる。

ウ．直観による導きと惑いの経験を通して

前野 直樹

直観による求道

一三歳で自我の目覚めを覚え、「自分はどこから来てどこへ行くのか、何のために生きるのか」の答えを探る中、一四歳で出家を志ざしながらも実行は断念した当時から、「本物の宗教・理想の宗教は、冠婚葬祭忘れたころの神頼みではなく、人間の生き方全てを左右するものであるはずだ」と感じていた。何かの書物や先人の誰かに影響を受けたわけではなく、そこはかとない確信があった。言い換えれば、あれはまさに直観によるものであったと思う次第である。

高校時代の留学先オーストラリアのメルボルンで、生まれて初めてムスリムと出会い、交流を通してイスラームやムスリムへの偏見が薄まる中、帰国後にメディア情報に依らず自分の目でイスラームを学び始める中で、信仰を極めるために僧侶や修道士になる必要はないと説くイスラームに、出家を断念してからも憧れを抱き続けていた人生の総合的かつ包括的な道しるべとしての理想の宗教像を見出したのは直観であったと言えそうである。

十中八九「ムスリムになりたい」という気持ちが強まってからも、将来への不安から最後の一線を踏み越えることに躊躇していたころ、マルコムXの伝記映画を見る中でハッジ（大巡礼）の光景に感動し、「ムスリムになるのは恥ずかしいことなんかじゃない!! カッコいいことなんだ!!」と迷いを拭うことができたのも、直観的な出来事であった。

魅惑の直観とシャリーアの基準

時として直観は、危ういものである。「飲まされたもの」を原義とし、「吹き込まれたもの、与えられたもの」と転じて「霊感、ひらめき、インスピレーション」を意味する「イルハーム（ilhaam）」が本書の主題とされ、「直観」という訳語が充てられているが、それをもとに誰もが精神世界についての一家言を持ち得るからである。いや、一家言程度なら、まだよい。実際は、天啓宗教とは伝統的に縁の薄い日本では近現代に顕著な傾向として、この直観をもとに数多くの新興宗教や新宗教が唱えられてきた。それらが一様に信奉者を幸福へと誘い、何の不当支配や搾取、公害も生まないものならよいのだが、あいにく多くは詐欺詐称や宗教ビジネスの誹りを免れ得ないのが現実である。たとえ開祖や代表が本人の主観では嘘偽りを騙っていなかったとしても、拠り所が直観である以上、その出どころの不透明性の真偽判断や検証が棚上げにされたまま、従う人たちもいるからである。自信満々に語られれば、ついその話を真に受けてしまうのも、人間心理としてはわからないでもない。

一方、イスラームにおけるこの直観は、善悪かつ試練の三種に大別される。人類誕生から預言者や使徒が遣わされていた時代を経て、最後の預言者以降千四百年と半世紀近くが経過した現在に至るまで、預言者や使徒にのみ下された「啓示」とは別に存在し得るものが善の直観。これは唯一の神から天使経由で与えられ、シャリーア（イスラームの教え）に反しない善導となり、当人は一層の感謝を捧げることとなる。ところが直観は直観でも、感得された内容がシャリーアに反するものである場合は、悪の直観である。悪魔の囁き、あるいは悪しき自我がもたらすものとされる。また、内容的にはシャリーアに反することではなくとも、当人が直観を得て自惚れてしまい、自己中心的な思い上がりに陥ってしまうようであれば、それは恩恵ではなく試練として与えられたものとみなされるのである。

いずれにしても、イスラームの教えの大枠がクルアーンとスンナ（預言者言行録に基づく道）と明確にされている以上、そこから外れるものは何であれ価値あるものとしては考慮されない。

ウ．直観による導きと惑いの経験を通して

直観判断基準普及の必要性

代理戦争によって多くの犠牲を強いられてしまう前のシリア・アラブ共和国首都ダマスカ

スにイスラーム学を修めるべく留学するようになり、一年を経て一時帰国のころから伝教活動もどきの勉強会を開くようになった私のもとに、時々相談や近況報告の手紙が届くようになった。イスラームを信奉する女性、私にとっては信仰上の姉妹からのものである。

曰く、彼女には天使の声が聴こえるのだという。そしてあれこれとその天使の声に基づくアドバイスをしてくれるのであった。中には将来のことに関する内容もあり、目に見えない世界・幽玄界のことすら述べられていたのである。その姉妹一人ではなかった。その後も私の記憶にあるだけで三人ほどの姉妹が天使の声を聴いたからという助言を手紙やメール、時には電話でしてくれるのであった。これには私も一時期大いに惑わされたものである。相手には信仰を分かち合う姉妹なのだから、嘘をついているわけではないはずだ。でも、内容的には易々と信じられるわけではない。そもそも、本当に天使の声など聴こえるものなのか。聴こえるとすれば、第三者に助言を与えるなど、「預言者のようなこと」をさせるものなのか……。

そこで私が学者や導師、関連書に指導を仰ぎ、至った結論は以下の通りである。

一.「イルハーム（直観）」を含む「カラーマ（Karaamah：唯一の神からの恩寵としての超常現象）」は、最後の預言者ムハンマド（祝福と平安あれ）以降もあり得る。

二.その正邪は、内容をイスラームの教えに照らし合わせて判断する。合致していれば、正しいもの、矛盾していれば間違ったものとなる。

三．預言者や使徒に与えられた「奇跡（Muʿjizah）」は、「相手を反論不能にする神の御業」であり、「啓示」も含めて第三者への開示と伝達が肝要となるが、直観を含むカラーマはそうではない。あくまでも個人へもたらされたもの、与えられたものである。

四．よって唯一の神から与えられた個人への特別な恩寵かつ祝福を特別な恩恵として大切にし、更なる感謝と善行の日々に努められるようになればそのカラーマは正しく貴重なカラーマとなるが、当人が勘違いして自惚れてしまい、自己中心的な思い上がりに陥るようであれば、それは「イスティドラージュ（istidraaj：段階的誘導試練）」という恩恵の装いをした試練となる。

五．従って、たとえ本人に悪意はなくとも、「天使の声」などの特別なインスピレーションとして第三者に助言を与えるのは、個人への恩恵を超えた預言者のような働きであり、イスラーム的に正当化することはできない。

以上がイスラームにおける直観の判断基準であり、私としては少なくともムスリム同胞の間で少しでもこの理解が広まることを願ってやまない。それはかつて山本七平がイザヤ・ベンダサンの名で世に出した『日本人とユダヤ人』(113)の中で解説したように、日本人には外来の宗教をことごとく人間の都合を最優先にする「日本教」に組み入れてしまう傾向があるためである。詳しくは同書の解説に譲るが、日本教にとっては宗教そのものが不可侵とする定め自体も人間のニーズに応じて変化し得るものとなる。事実、ほとんどの外来宗教が、日本では本来の教えが本流そのままの形で維持されることはなく、その実態からして日本教仏教派、日本教キリスト教派になっているというのである。

こうした傾向は、残念ながらイスラームであっても例外とはならないようである。事実、すでに一九七五年に設立され、八三年ごろに最盛期を迎え、九〇年代には消滅したという「日本イスラム教団」にその試みが見られた。大乗仏教よろしく大乗イスラームを唱え、アッラーを宇宙仏とみなし、一日五回の礼拝義務を朝晩二回でよしとし、女性のヒジャーブ（髪の覆い）を無用とした。(114)

「ここは日本だから、日本らしく」は、聞こえのよい大義名分である。イスラームは広まった土地の先々で、土着の文化を包摂しつつ浸透してきた。元々、「〜らしさ」を否定するわけではないのである。注意すべきは、イスラームの主要法源であるクルアーンとスンナ、学者間の合意（イジュマーウ）と類推（キヤース）に照らし合わせて矛盾しないかどうかであって、その許容範囲はかなり広い。

今は鳴りを潜めているが、SNSで公言していたわりにはその後前言を撤回した痕跡は見られない日本のムスリム社会での迷言主張に、「自らを預言者と名乗る者」や「ハディースの権威を全否定するクルアーン主義者」[115]の迷言があった。いずれも無知と不勉強に基づく誤った直観の為せることであったに違いないが、イスラームにおける不変真理と許容範囲の周知徹底がなされない限り、自覚のあるなしにかかわらず日本教イスラーム派化への試みは今後もあり得るのではないかと懸念される。それほどに直観の門戸は万人に開かれており、影響力は大きいのである。

善なる直観にあずかる幸福

イスラームを学び続ける者にとっての幸福。それは直観の源泉とも言えるクルアーンがそばにあることである。そしてそれを実際に生涯の礎として唯一の神への愛と奉仕に人生を費やした先人に触れることで、その源泉から都度直観を掬う器とすることであると個人的には思う。ハディース（預言者伝承）としてはその伝承経路について信憑性が議論されるものではあるが、内容的には充分に頷き得るハディースがある。

「本当にこのクルアーンは、アッラーの饗宴である。だからできるだけかの御方の饗宴から学ぶがよい。本当にこのクルアーンは、アッラーの手綱であり、明瞭な光かつ効き目のある癒しである。それに掴まる者にとっては保護であり、従う者にとっては救済である。折れ曲がってしまい真っすぐに延ばされるものではなく、逸れて責められるものでもない。その驚嘆すべきことが途切れることはなく、繰り返し接しようとも擦り切れることもない。だからそれを読み上げよ。実にアッラーはそなたたちがそれを読誦することで一文字を十の善行として報いてくださる。「アリフ・ラーム・ミーム」で一文字と言うのではない。そうではなくて、アリフで一〇、ラームで一〇、ミームで一〇なのである。」（ハディース学者アル＝ハーキムやアル＝バイハキーらが教友アブドッラー・ブン・マスウードによるハディースとして伝承）

「クルアーンに驚嘆させられることが、尽きることはない」…これは仏教から改宗して約三一〇年となる今日ですら、変わらぬ真理であると証言できることである。自戒の念をこめて言い足しておきたいのは、ムスリムにとっての直観はやはりクルアーンとスンナありきのものであり、クルアーンとスンナへの従い方に応じて良い直観にも恵まれ得るだろうということである。そして自己満足や我流の従い方で終わらないためには、唯一の神への感謝と謙虚さを大切にし、自惚れや傲慢に陥ってはいないかを自問し続けることが欠かせないと肝に銘じたい。

特別寄稿　イスラームの衝撃と直観

乾　修

一、「一冊の本が運命を変えることがある」

活動家として憧れるマルコムXは、刑務所内で改宗しムスリムとなった一人だ。三七歳の彼は大巡礼を果たした翌年、ニューヨークで暗殺された。表題の言葉は暗殺前夜に友人に話した言葉らしい。獄舎の天井を見ながら私は何度も思った。—本当にあるんだなぁ—と。

アッサラーム・アライクム　水谷先生　あの頃の話を致します。

令和元年の晩夏、私は高い塀の中でした。国際麻薬犯罪で帰国時に逮捕されての収監生活は一二年の長い日々です。時間は無常に単調に流れて行きます。繰り返される毎日は、

六：四五　起床・整頓・洗面・人員点検・朝食のち作業場まで行進

八：〇〇　身体検査のち刑務作業開始　途中昼食・休憩・運動や対象者にはプログラム（教育・改善・教誨）、面会、入浴（二週五回）等

一六：四〇　作業終了・人員点検・身体検査のち舎房まで行進で還房

一七：〇〇　人員点検・夕食のち余暇時間　読書・学習・囲碁将棋などで過ごす
（ラジオは一八：〇〇―二〇：五〇、テレビは一九：〇〇―二〇：五〇）

二一：〇〇　消灯・就寝

眠れない夜も早く目覚めた朝も、起床までじっと床の中。それは全てを喪失する空間です。時間、プライド、財産、信頼、社会との関わりさえも見失う。同衆とのくだらない軋轢や心無い刑務官の言動。他方、自由や選択は最小限です。身から出た錆とは言え、当時の私は体に纏った喪失感に心は荒れ果て、後悔と怒りばかりが募りました。受刑中に母、次いで父を亡くした親不孝者。家庭を顧みず連絡も途絶えがち。刑期も残りを意識し始め、仮釈放に向け身元引受人を考える頃の話です。あの時は出所後の不安や恐れ、焦りとやり切れなさから湧く絶望感に包まれていました。そんな気持ちを今まで押し戻していたプライドや希望も涸れ、変化のない、むしろ悪化する現状にただ漂い悩み、年甲斐もなくすね嘆き、悶々と錯誤を繰り返す悪循環でした。

そんな中、唯一自分の世界に没頭できるのは余暇時間の読書です。私本（購入・差入れ）官本（所内図書の貸出し）、さらに併せて一年間に概ね百冊ほどジャンルは問わずにただ乱読しました。唯一、現実逃避し気を紛らわす自分だけの時間です。懲役は「夢を見るのと息をする自由しかない」と言いますが、そんな夢も見失い廃れ、繰り返す心の嘆きや憤りに、心身喪失するのが自覚できるほどになって来ました。お先真っ暗、まさにその通り。その萎える気持ちを見透かすように押し寄せるトラブルの数々。自分に—何が足りないのか？—と自問自答にも行き詰まった頃、何故か意識に覚醒したのは「信仰を持とう」でした。

まず私は、自分に適した信仰を探すため、官本で手に取れる宗教に関する本を手当り次第に読みました。神道・仏教・キリスト教、どれも美しい言葉の数々でしたが思いはどうにも定まらず迷想するばかり。宗教と接する教誨プログラムも同様の各派で偏っていました。しかし、取り敢えず信仰するというのは絶対に避けたかったのです。—自分の望む宗教とは、と柄にもなく真剣に考えたのは、せめて信じるものは、自分で選びたかったからなのかも知れません…。

今まで当たり前と思っていた宗教観が根底から違うのかと、ヒンズー教の本も手にしましたが、思いは更に錯綜する始末です。悶々とする日常の中、つまらないトラブルで懲罰審査にかかりました。懲罰は基本的に一定期間の閉居罰です。狭い独房に隔離され誰とも話すことなく壁と天井を眺め、ただ座して罰の時を過ごす。懲罰期間には一切の余暇は無く、自ずと読書も出来ません。しかし懲罰が下されるまでには二〜三週間程の審査があり、その間は官本三冊だけ与えられます。私はその時に運命を変える「一冊の本」に出合います。

二、「偶然の中に偶然はない。運命に出会う前に自分でそれを作っている」

数多くの賢者、偉人はこのようなことを語る。偶然の積み重ねが物事を形成して行くのは人も国家も文化も自然も変わりはないのでしょう。どんな時、どんな場所でも偶然は起こるものです。

官本は大きな移動式本棚に三〇〇冊ほど入れられて。舎房前の廊下に置かれ、それを眺めて五分程度の時間で選ぶのでじっくりと選べません。本の状況は古く、表紙が剥がれていて開くと驚くほど幼稚ないたずら書きや、抜いた鼻毛が並んでいる始末で、良好とは言えない物が多く、作者やタイトルを頼りに直感で選ぶしかありません。

そんな懲罰審査中、運命を変える一冊に出会いました。それが水谷周先生の著書『イスラームの善と悪』（平凡社新書）です。これまでに四〇近くの国々を訪ね。中東文化に関する理解はありました。ムスリムの友人も多数いました。他国では日本と異なり、当たり前に個人の信仰を問われます。そのたびに私は「無宗教」と答えると、返って来る言葉は一言、「クレイジー」。国や民族、地域によって宗教観は多様です。

朝帰りの街頭から流れるアザーン（礼拝の呼び掛け）、時間になると車を止めサラート（礼拝）を始めるタクシーの運転手、水の上に浮いているマスジド（モスク）。特に印象に残っているのは、年老いた人が公園の木陰で礼拝をしている姿。それはとても美しく、神々しく目に焼き付きました。その記憶には嫌な印象は微塵もなく、何故か心の安らぎすら覚えていました。ですが彼らの持つ宗教観や教えはほとんど知りません。脳裏にそれらの情景が浮かび、咄嗟に本を手にしました。本を開くと、その内容に驚くほど引き込まれました。善と悪が簡明直截に対比され、読むうちに気持ちが高揚し夢中でメモを取りました。

善行と美徳（正義・禁欲・感謝・忍耐・信頼・悔悟・慈悲・嘉し）

悪行と悪徳（嘘・不正・強欲・恨み・怒り・見せかけ・自惚れ・妬み・嫌悪）

その一つ一つの定義と解釈が胸に真正面から突き刺さります。特に悔悟（タウバ）の条件は、そうでした。

・過ちを停止すること
・過ちを悔いること
・再発しないよう決意すること
・死ぬ前に悔いること
・日没から夜明けまでの間に悔いること
・権利侵害した相手に対して、その権利かそれと同等の権利を回復すること、あるいは強要しないでその人の寛恕《かんじょ》または許しを得ること

そして悔悟するものにはアッラーは走ってその者に近づかれるという言葉に。その時感じ

たその衝撃は、これまでに感じたことのない、まるでバットで後頭部を殴られるほどの衝撃でした。善と悪、どの言葉も胸の芯を揺さぶります。私は直感的に確信しました。「ムスリムになろう」と。

それが信仰に対する覚醒であり、直感ではなく直観であると言うことは、後に知る事になります。「イスラームを知りたい」はやる気持ちとともに懲罰は始まりました。しかしその間、余暇は有りません。ならばこの機会に思い切り悔い悟り、これからを考えてみようと思ったからです。虚無が少し嬉しく感じた一〇日間でした。

三、「刑務所で最も恐ろしいことは、それが心の中にも築かれることだ」

フョードル・ドストエフスキーは、『白痴』でそう表現していた。イスラームへの思いに心を射抜かれ、その意味を今更ながら考える。鈍くなっていた思考が再始動する。イスラームへの思いを募らせた一〇日間は終わりました。懲罰が明けると、作業工場が変わり新しい環境に適応しなければなりませんでした。時間のかかる人間関係や慣れた作業も変わり、作業報奨金（賃金）も九〇〇円程度となります。時給ではなく月額です。これでは日用品も満足に購入できません。戒めのためだけなのでしょうか？　疑問に思いますが、全てがふりだしです。

手紙は月に五通、指定日に発信できます。発信日を待ちきれない思いで知人宛てにイスラームに入信する方法を尋ねると、返事には日本ムスリム協会の住所がありました。すぐ協会に、一冊の本を読み、ムスリムになりたいとの思いを認め発信する旨を、刑務所側に願い事（願箋）を書きました。今までにない行動をするときは、毎度許可が必要です。許可され発信するとすぐ返事がきました。協会のＫ氏から心温まる言葉と数冊の冊子が同封されており、最寄りのイスラーム文化センターも教えてくれました。ぼんやりとした風景から微かに扉が見えた、そんな心持ちでした。再び許可を取りイスラーム文化センターに手紙を発信すると、代表のＳ氏からすぐに面会したいとの心躍る返事です。「すぐ」が重なる、アッラーが走って近づかれる。そんな予感です。

親族外の面会はなかなか認められませんが。日程を合わせて面会に至ることになります。幾度もの許可申請に嫌味もたくさん言われましたが…。初めてお会いしたＳ氏は偉ぶることのない穏やかな方で、今迄の経過を話しました。そして久しぶりに話す刑務所外の人でした。二度の面会で入信の日を決め、その日、面会室から作業場に戻る初秋の空は澄み、爽やかな風が吹いていました。シャハーダ（入信の証言）は記憶に残る令和一年一一月一一日と一が並ぶ、新たなスタートに相応しい日です。Ｓ氏とイマームのＺ氏、若い信者Ｙ君が足を運んでくれました。

面会室でのシャハーダ。その瞬間に確かに心の息吹を感じました。血が沸く感覚です。もう迷うことなく一歩進める。錯誤する想い全てを委ねられる安堵感からなのでしょう。クルアーンと礼拝マットも差し入れられました。刑務所でも礼拝マットの使用は可。しかし当所では前例がないと、多分に漏れず願箋を何度も提出し、様々な条件を付けられ使用出来たのはその五ヵ月後です。

しかし、その日から私はムスリムです。とは言え右も左も解りませんので、まずはクルアーンの熟読と許可された時間のみ冊子を見ながらの礼拝です。それからは毎月、出所までK氏とY君が面会に来てくれました。イマームのZ氏は体調が芳しくない中、訪ねてくれ優しく励ましてくれました。残念ながらその数ヵ月後にお亡くなりになり、ご遺体は故郷のパキスタンに戻られたそうです。来世でもう一度お話出来るのが楽しみです。

三〇分の面会中、社会の出来事や雑談を中心にイスラーム文化から教えてくれました。アラビア語を学ぶべきと挑戦するも、ここでは耳にする事も出来ない故に早々と断念。ならばとばかり、クルアーン注釈の書写を始めノート一一冊に上ったが、完遂できました。ノートや日用品もS氏が差入れてくれました。話が苦手なY君も一人で面会に来てくれるようになり、孤独感は徐々に薄まりました。

そんな折、知人から事業を営むWさんを紹介され、その方が身元引受人となってくれ出所後の仕事もお世話してくれるという話が舞い込み、疎遠だった妻からも連絡が頻繁に来るようになり、重い扉がやっと開かれ明るい兆しが舞い込んできます。

アッラーは本当に走って訪れてくれました。これは実感です。ある面会時、S氏から水谷先生に手紙を書いてみることを勧められました。おこがましくも思いの丈を詰め発信したところ、遠方からわざわざ訪ねて下さるとのお返事。感激したこの手紙は今も大切に保管しています。先生との面会は嬉しさと緊張が調和し、恐縮しつつも堰を切ったように話す、あっという間のひと時でした。意識すると知らぬ間にどんどん好転してゆく流れ、数少ない刑務所での良い展開でした。

四、「自分のやるべきことを自分で決めて、自分でやる。それが人生である」

東京裁判の法廷で東条英機の頭を叩いた思想家、敬拝する大川周明は軍人以外で唯一A級戦犯により起訴され、晩年は『古蘭（コーラン）』を著した。獄舎の壁を見ながら私は何度も思った。本当にその通りだなぁと。

ワアライクム　アッサラーム　水谷先生、元気で過ごしております。

令和四年、梅雨明け空の下、無事仮釈放となりました。場所が場所だけに、その後も馬鹿な出来事もあったのは誠にお恥ずかしい限りですが…。しかし、あれからどんな時もアッラーの存在を直感的に左上に感じるのです。それは決してオカルト的ではなく、私を見守り見定めている感じがしてなりません。善と悪を常に意識しているからなのか、社会の酸いも甘いも過ごした分、尚更にそう感じるのでしょうか。不思議です。失ったブランクはまだ乗り越えきれませんが、今は妻子と悪戦苦闘しながら奮闘努力の日々を幸せに過ごしております。

また日本ムスリム協会からザカート（喜捨）を賜りました。励みになりました。

先日Sさんから「最近受刑者からの問い合わせがあり、数名がシャハーダを済ませた。」と伺いました。良い前例と足跡になれば嬉しく思います。しかし私には、まだ赦しを得なければならないことがあります。その話はまた別の折に致しますが、ウムラ（小巡礼）を果たし次の扉を開きたいと願う次第です。

五、「アッラーフ・アクバル」

タフな気持ちが弱るときや、自身で思い悩み解決しきれないときには神に委ねる。細やかでも幸せを感じた時、調子よく物事が進むときには神に感謝する。悪はアッラーを見失うと訪れ、思い描けば退く、そう考えるようになりました。これから誇らしく前を向いて進むために。まだ不勉強なムスリムですが、これが私の信仰の衝撃と直観。実感と体感の話です。最後に、次の章が私の意識の悔悟と戒めの全てを表す言葉です。

（ムハンマドよ）言いなさい、人びとの主に、わたしは助けを求めます。人びとの支配者よ、人びとの神よ。（助けを求めるのは）こそこそ隠れ、つぶやく者の悪から、それは人びとの胸につぶやく者で、ジンであろうと、人びとであろうと。（一一四：一―五、『クルアーン―やさしい和訳』より）

刑務所で得た絶対唯一はと尋ねられれば、はっきりとこう答えます。

「それは信仰を手に入れた事」と。　　アッラーフ・アクバル

【註】

(109) 拙論「中南米におけるイスラーム―ブラジルを中心に」、『中東研究』、中東調査会、一九九八年七月、三〇―三五頁。拙論「イベリア半島におけるアラビア語」『日本ポルトガル学会年報』、日本ポルトガル・ブラジル学会、一九九八年一〇月。八―一六頁。

(110) 筆者の入信録は、「なぜムスリムになったのか(特集 宗教は必要か?)」、『大法輪』、大法輪

閣、二〇一二年一〇月号、一二五―一二九頁。

（111）前掲書『宗教と科学のせめぎ合い―信と知の再構築』、国書刊行会、二〇二三年。第二章第一節末尾参照。

（112）この項は拙著「サウジアラビア　二聖都の守護者」（山川出版社、二〇一四年）に掲載したコラムからである。

（113）『日本人とユダヤ人』イザヤ・ベンダサン著。角川文庫。一九七一年九月発刊。

（114）そもそもイスラームでは、段階的な実践が容赦され、人間は各人の能力に応じて責任を負うものとされるのだから、殊更の簡略化を図る必要はない。教えの目標や理想を己の現実に落とし込もうとするのは、単なる横着ではないだろうか。

（115）なお、「ハディースの権威を全否定するクルアーン主義者」は、「日本教イスラーム派」に限らず、世界的に存在する。自己中心的な人間の自我が万人に宿っていることの証左でもあると言えよう。

おわりに

色々見てきたが、イスラームにおける直観のポイントは次のようになりそうだ。

自分は何のために存在し生きてゆくのかという根源的な疑問に答えるべく、人に自然に与えられた事実追及の欲求（天性・フィトラ）は、不安と迷いを脱して、心の落ち着き（静穏・サキーナ）を招来し、それに基づいて万物の原理（真実・ハック）に目覚め、確信（信仰・イーマーン）を得ることとなるが、この目覚める過程が直観ということである。

これを一層イスラームの中からの表現に置き換えてみてもよい。直観は、正道への招導と誤道への忌避を感じ取る力にある。そのためには心の静穏と浄化、そして主とその使徒ムハンマドの教えに則って生きるとの意思が求められるということになる。

このようなイスラームにおける直観を考究することには、二つの側面からの効果を期待できることは既に「はじめに」で述べた。一つは直観という機能を明確化することで、イスラーム信仰、さらには宗教信仰の本髄を熟知し、堪能するということである。それは誰しもが持っている天啓の才覚であるとしても、なおしっかりと意識できるかどうかは、その人の努力が待たれる。

第二の側面は、その考究によって、イスラームの、そして宗教の信仰学が始動することを期待したいということである。信仰はアカデミックな接近を拒んでいるのではない。学術研究の姿勢や手法が、人の心の中に分け入るのを避けてきたというのが実情である。自然科学で取られる客観性に似せて、実証される事実以外は聞きたくないし、目にもしたくないという立場が堅持されてきた。

他方、実証の限界が証明されるにつれて、科学者の心にも動揺が隠せなくなってきているという。(117) 曖昧科学と称される一群の進展が見られるのである。それらには、ファジィ理論、非線形解析、フラクタル幾何学、散逸構造論などがある。そこへカオス理論が登場。それによると、相対論がニュートン・カント的な絶対的時間空間を否定し、量子力学が無限に精密な観測が原理的には可能だという仮定を否定した。カオス（混沌）は無限に近い精度で初期値を与えても、ニュートン・ラプラス（一八二七年没、フランスの数学者、物理法則で将来予測が可能と主張）的な予言が不可能であることを示した。つまり方程式は同一でも、初期値に敏感な場合は、複雑で予測不可能なカオス的な結論があり得るという見解である。

次のような反省が自然科学者に突き付けられているのである。

（1）道（宗教）はすべての人間の根源であり、原動力であるので、科学者も「道」の活き《はたら》から逃れることはできない。
（2）従って科学者が「道」の活きを拒否するならば、それは自己矛盾となる。「道」の活きが科学の根源的な原動力であるからだ。
（3）科学者がもし「道」を否定するならば、人間失格となる。科学に固執しないで、人間全体の視野を見失わないこと。
（4）「道」が目指すところはすべての対立と矛盾を統一することであり、次いで「道」の究極的な目的は、神（仏）的人類・宇宙共同体の創造である。科学者と技術者の責任は重い。(118)

科学は基礎から、練り直しの時代のようである。

一方、宗教信仰も曖昧さを情報化により把握可能なものとして、一層の明文化と共有度向上を確保することが求められる。それこそは、本書の担う大きな課題である。

こうした思いは、実は多数の宗教信徒の偽らざる真情でもあると思われる。自らはもっとはっきり知りたいし、他者にも、もっとよく深く理解してほしいという欲求が昔からある。それに耳を傾ける人もいなければ、いなくても仕方ないとする、それが信仰というものだといった、半分諦めの気持ちが支配してきていた。本書の執筆者は全員が、そろって直観の働きを全幅に経験し、それを周りの人にも伝えようとしてきたし、いよいよそういった鬱積する気持ちをここに公にするという覚悟と信念で、筆を走らせた次第である。特別寄稿を依頼したのも、まったく同様の発想からであった。

なお全員で互いに原稿を読みあって、所要の調整に努めた。しかしまだ幾つか表記上の不揃いが残っているとすれば、それは実質に影響しない範囲であるので、ご寛恕願いたい。執筆の主な担当は次の通りである。

第一章は水谷、第二章「クルアーン」は水谷、「ハディース」は森、第三章は、

＊各論の特徴点一覧　水谷

ア．イブン・アルジャウズィー　水谷

イ．アルガザーリー　前野

ウ．イブン・タイミーヤ　森

エ．アルジャウズィーヤ　水谷

オ．アフマド・アミーン　水谷

カ．アルブーティー　前野

キ．アルカラダーウィー　水谷

そして第四章の分担は、本書冒頭の目次に記載されている通りである。

ここに筆を置くに当たり、読者方々に関心を持っていただき、より広い理解が得られることを、改めて祈念したい。

二〇二四年一月

執筆者全員

【註】

(116) 小田稔「実証主義とその限界」、前掲書『岩波講座　宗教と科学』、全一〇巻、第四巻『宗教と自然科学』、一九九二年。二五三—二七三頁。

(117) 門脇佳吉「宗教者から科学者へ—危機意識の覚醒を訴える」、前掲書『岩波講座　宗教と科学』全一〇巻、第一巻『宗教と科学の対話』、一九九二年。一一九—一四七頁所収。一四五—一四七頁にある個所を要約した。

本書の出版に当たっては、一般社団法人日本宗教信仰復興会議の出版助成を得た。

森　伸生（モリ ノブオ）

1951年福岡県出身。拓殖大学政経学部卒業および在サウジアラビアウンム・ル・クラー大学イスラーム神学部卒業。専攻分野はイスラーム神学、法学、サウデイアラビアを中心とした中東地域研究。在サウジアラビア日本大使館専門調査員、拓殖大学イスラーム研究所教授・所長を経て、2022年4月より拓殖大学名誉教授・イスラーム研究所長。

主要著書に『ユーラシア東西文明に影響したイスラーム』（共著）（自由社2008年）、『近代日本のイスラーム認識―ムスリム田中逸平の軌跡から―』（共著）（自由社2009年）、『近代日本のイスラーム（シャリーア）認識』（共著）（田中逸平研究会2012年）、『サウディアラビア　二聖都の守護者』（山川出版2014年）、『中東・イスラーム世界への30の扉』（共著）（ミネルヴァ書房2021年）、『君主制諸国』（共著）（ミネルヴァ書房2023年）などがある。

前野 直樹（マエノ ナオキ）

日本サウディアラビア協会・日本クウェイト協会常務理事・事務局長。日本ムスリム協会理事。大阪外国語大学地域文化学科中東地域文化アラビア語専攻卒業。在ダマスカス ファトフ・イスラーム学院大学シャリーア（イスラーム法）学部卒業。

乾　　修（イヌイ オサム）

東京都生まれ、商社や都内企業に勤め、海外経験は中央アジアを含めて多数。その間にイスラームの現地経験を踏む。その後貿易上の科により10年余り服役。所内においてイスラームへの入信を果たす。現在は社会復帰のため研修中。

編著者　水谷 周（ミズタニ マコト）

京都大学文学部卒、博士（イスラーム思想史）、（社）日本宗教信仰復興会議代表理事、日本ムスリム協会理事、国際宗教研究所顧問など。日本における宗教的覚醒とイスラームの深みと広さの啓発に努める。著書多数：『イスラーム信仰概論』明石書店、2016年、『イスラームの善と悪』平凡社新書、2012年、『イスラーム信仰とその基礎概念』晃洋書房、2015年、『イスラーム信仰とアッラー』知泉書館、2010年。（以下は国書刊行会）『イスラーム信仰叢書』全10巻、総編集・著作、2010～12年、『クルアーン―やさしい和訳』監訳著、2019年、『黄金期イスラームの徒然草』2019年、『現代イスラームの徒然草』2020年、『イスラーム用語の新研究』2021年、『祈りは人の半分』鎌田東二共著、2021年、『信仰の滴』2022年、『信仰は訴える』2023年、『宗教と科学のせめぎ合い』2023年など。

装　丁：真志田桐子

イスラームにおける直観《ちょっかん》の研究《けんきゅう》

2024年4月25日　第１版第１刷発行

編著者　水谷　周
　　　　森　伸生
　　　　前野直樹
発行者　佐藤今朝夫

〒174-0056 東京都板橋区志村1-13-15
発行所　株式会社　国書刊行会
TEL.03（5970）7421（代表）　FAX.03（5970）7427
https://www.kokusho.co.jp

ISBN978-4-336-07635-9

印刷・モリモト印刷株式会社／製本・株式会社ブックアート
定価はカバーに表示されています。
落丁本・乱丁本はお取替いたします。